365 Meditationen auf dem Jakobsweg

365 Meditationen auf dem Jakobsweg

Mit Fotografien von Yvon Boëlle
Textauswahl von Richard Reschika

Diederichs

Die Originalausgabe erschien unter dem Titel
365 méditations sur les chemins de Compostelle
bei Presses de la Renaissance, Paris.

Bibliografische Information der Deutschen Bibliothek

Die Deutsche Bibliothek verzeichnet diese Publikation
in der Deutschen Nationalbibliografie; detaillierte bibliografische Daten
sind im Internet unter http://dnb.ddb.de abrufbar.

Fotografien von Yvon Boëlle
Schwarz-Weiß-Fotografien von Luc Adrian

Umschlaggestaltung: Weiss/Zembsch/Partner, Werkstatt/München
unter Verwendung einer Abbildung von Yvon Boëlle
Satz: EDV-Fotosatz Huber/Verlagsservice G. Pfeifer, Germering
Druck und Bindung: Ebner & Spiegel, Ulm
Printed in Germany 2008

ISBN 978-3-7205-3051-4

Die Via Podiensis von Puy-en-Velay nach Saint-Jean-Pied-de-Port

1. Januar

Alle Reisen haben eine heimliche Bestimmung,
die der Reisende nicht ahnt.

Martin Buber

Die Via Podiensis von Puy-en-Velay nach Saint-Jean-Pied-de-Port

2. Januar

Pilgern heißt, eine Richtung haben, auf ein Ziel zugehen. Dies gibt auch dem Weg und seiner Mühsal seine Schönheit. Es ist der Kern der Pilgerschaft.

Papst Benedikt XVI.

Jakobus der Ältere,
Kirchenfenster in der Kathedrale Saint-Pierre, Genf.

Die Via Podiensis von Puy-en-Velay nach Saint-Jean-Pied-de-Port

3. Januar

Wende dich nach innen und höre die Stimme der Stille.
Und mach' es wie ich: Setz' einen Fuß vor den andern
und üb' dich im einfachen Leben auf der Straße.

Paul Martin Clotz

Puy-en-Valais. Die Kapelle Saint Michel-d'Aiguilhe.

Die Via Podiensis von Puy-en-Velay nach Saint-Jean-Pied-de-Port

4.
Januar

Du Gott der Anfänge, schenke uns Frieden,
wenn der eigene Weg uns aufwärts führt,
wenn wir Lebewohl sagen.
Aus Irland

Die Kapelle Saint Michel-d'Aiguilhe, erbaut im 10. Jahrhundert von Bischof Godescalc.

Die Via Podiensis von Puy-en-Velay nach Saint-Jean-Pied-de-Port

5.
Januar

Wie Blinde zu gut Sehenden,
so verhalten sich die, die nie eine Reise gemacht haben,
zu Vielgereisten.

Philo von Alexandria

Kopfsteinpflaster der Kirche Saint-Julien in Brioude (Haute-Loire).

Die Via Podiensis von Puy-en-Velay nach Saint-Jean-Pied-de-Port

6. Januar

Es ist ein großer Trost im Leben, sich nicht allein zu wissen, sich begegnen und zusammenkommen zu dürfen.

Papst Johannes XXIII.

Christus, Kirche Saint-Julien, Brioude.

7.

Januar

Wird das Reisen zu leicht und zu bequem gemacht, so geht sein geistiger Sinn verloren. Allein ein gewisses Gefühl der Einsamkeit, das auf der Reise entsteht, führt den Menschen zum Nachdenken über den Sinn des Lebens; denn das Leben ist schließlich auch eine Reise von einem Unbekannten zum andern.

Daisetz T. Suzuki

Portal der Basilika von Brioude.

Die Via Podiensis von Puy-en-Velay nach Saint-Jean-Pied-de-Port

8. Januar

Von guten Mächten wunderbar geborgen, erwarten wir getrost, was kommen mag. Gott ist mit uns am Abend und am Morgen und ganz gewiss an jedem neuen Tag.

Dietrich Bonhoeffer

In der Kathedrale von Puy.

Die Via Podiensis von Puy-en-Velay nach Saint-Jean-Pied-de-Port

9. Januar

Die Erde ist vom Himmel erfüllt und jeder gewöhnliche Busch erflammt von Gott.
Elizabeth Barrett Browning

Jakobus der Ältere, Kathedrale Notre-Dame von Puy.

Die Via Podiensis von Puy-en-Velay nach Saint-Jean-Pied-de-Port

10. Januar

Keiner kommt von einer Reise so zurück,
wie er weggefahren ist.
Graham Greene

11.

Januar

Selbsterkenntnis ist der Anfang der Wahrheit,
der erste Schritt auf dem Pfad zum inneren Selbst.

Tom Johanson

12.
Januar

Gib am Ende meiner Wanderschaften, wenn der Abend langsam niedersinkt, dass ein Schall von Feierabendglocken süß und tröstend mir zu Ohren klingt.

Agnes Miegel

Kapitell im Kloster von Puy-en-Valay.

Die Via Podiensis von Puy-en-Velay nach Saint-Jean-Pied-de-Port

13.

Januar

Die Seele ist unsterblich, und deshalb nie zufrieden.
Sie strebt nach Vollkommenheit, und diese gibt es
in der Unendlichkeit.

Khalil Gibran

14.
Januar

Bewahr mich vor Schmerzen, vor allen Gefahren,
reise mit mir übers Meer. Borg mir dein Licht,
damit es mich schütze und mich erhalte,
o herrliches Wesen, o Hüter der Nacht.

Keltische Anrufung des Schutzengels

Die Via Podiensis von Puy-en-Velay nach Saint-Jean-Pied-de-Port

15. Januar

Überhaupt aber ergeht es uns im Leben wie dem Wanderer, vor welchem, indem er vorwärts schreitet, die Gegenstände andere Gestalten annehmen, als die sie von ferne zeigten, und sich gleichsam verwandeln, indem er sich nähert.

Arthur Schopenhauer

Die Via Podiensis von Puy-en-Velay nach Saint-Jean-Pied-de-Port

16.
Januar

Worauf kommt es an im Leben?
Nur auf die göttliche Langsamkeit, sagt Jesus.
Paul Martin Clotz

17. Januar

Segne, o Gott, die Erde unter meinen Füßen. Segne, o Gott, den Weg, den ich geh. Segne, o Gott, das Ziel meiner Wünsche. Die letzte Ruhe, o Ewiger, segne mir auch. Du warst bei mir am Beginn meines Lebens, nun sei bei mir an seinem End'. Du warst hier, als meine Seele sich formte, nun, Vater, sei hier, wenn sie die Reise beschließt.

Keltischer Segenspruch

Kapelle Saint-Roch, am Pass l'Hospitalet/Margeride.

18. Januar

Wie der Wanderer erst, wann er auf einer Höhe angekommen ist, den zurückgelegten Weg mit allen seinen Wendungen und Krümmungen im Zusammenhange überblickt und erkennt, so erkennen wir erst am Ende einer Periode unseres Lebens, oder gar des ganzen, den wahren Zusammenhang unserer Taten, Leistungen und Werke, die genaue Konsequenz und Verkettung, ja, auch den Wert desselben.

Arthur Schopenhauer

19.

Januar

Fürchte nicht, langsam zu gehen,
fürchte nur, stehen zu bleiben.
Chinesisches Sprichwort

20. Januar

O Jakobus, hoch verehrt, Pilgern lässt nie unversehrt.
Himmelwärts und abgrundtief zieht mich,
der so machtvoll rief.

Kuni Bahnen

21.
Januar

Der Mensch ist immer mehr, als er von sich weiß.
Er ist nicht, was er ein für allemal ist,
sondern er ist Weg.
Karl Jaspers

Kapitell in Nasbinals, Aubrac.

22. Januar

Die Tiefen unseres Geistes kennen wir nicht –
Nach innen geht der geheimnisvolle Weg.
In uns, oder nirgends, ist die Ewigkeit mit ihren Welten,
die Vergangenheit und die Zukunft.
Novalis

Die Via Podiensis von Puy-en-Velay nach Saint-Jean-Pied-de-Port

23. Januar

Ein Tag ohne Gebet ist wie eine Sonne,
die nicht aufgeht.
Marthe Robin

Die Via Podiensis von Puy-en-Velay nach Saint-Jean-Pied-de-Port

24. Januar

Geh weiter und bleib nicht stehen,
denn vor dir ist die Vollendung.
Khalil Gibran

Brücke von Marchastel über den Bès (Lozère).

Die Via Podiensis von Puy-en-Velay nach Saint-Jean-Pied-de-Port

25. Januar

Kein Weg ist zu lang für den, der langsam und ohne Eile vorwärts schreitet; kein lockendes Ziel liegt zu fern für den, der sich mit Geduld rüstet.

Jean de la Bruyère

Die Via Podiensis von Puy-en-Velay nach Saint-Jean-Pied-de-Port

26.

Januar

Zu einer Kapelle sollst du gehn, sie wird auf dem Berg
der Freude stehn. Dort gibt es Steine ohne Zahl,
und du siehst Santiago zum ersten Mal.

Altes Pilgerlied

Brücke über die Boralde, Saint-Chély-d'Aubrac.

27.
Januar

Man kann auf falschem Wege sein und doch zu
den herrlichsten Aussichtspunkten gelangen,
nur natürlich nicht – ans Ziel.

Marie von Ebner-Eschenbach

28.
Januar

Mannigfache Wege gehen die Menschen.
Wer sie verfolgt und vergleicht, wird wunderliche
Figuren entstehen sehn.

Novalis

Die Via Podiensis von Puy-en-Velay nach Saint-Jean-Pied-de-Port

29. Januar

Der Langsamste, der sein Ziel nicht aus den Augen verliert, geht noch immer geschwinder, als der ohne Ziel herumirrt.

Gotthold Ephraim Lessing

ROUTE
DE
St JACQUES

Die Via Podiensis von Puy-en-Velay nach Saint-Jean-Pied-de-Port

30. Januar

Wenn alle Wege verstellt sind,
bleibt nur der nach oben.
Franz Werfel

Kapitell in Saint-Pierre de Bessuéjouls, in der Nähe von Espalion.

31. Januar

Je mehr Mühen, desto besser!
Johannes vom Kreuz

Die Via Podiensis von Puy-en-Velay nach Saint-Jean-Pied-de-Port

1. Februar

So schlendern wir zum heiligen Land, bis eines Tages die Sonne heller scheinen wird, als sie es je getan hat. Vielleicht wird sie bis in unseren Geist und unser Herz scheinen und unser ganzes Leben in ein großes, erweckendes Licht tauchen – warm und friedlich und golden wie ein Flussufer im Herbst.

Henry David Thoreau

2.
Februar

Du hast uns für dich gemacht, Herr, und unser Herz
ist ruhelos, solange es nicht in dir ruht.

Augustinus

Kapitell in der Chapelle de Perse, Espalion.

Die Via Podiensis von Puy-en-Velay nach Saint-Jean-Pied-de-Port

3. Februar

Würden wir auf nichts anderes sehen als auf den Weg,
so wären wir bald am Ziel.«

Teresa von Avila

4. Februar

Bleibe im Zentrum, in deinem eigenen und dem der menschlichen Reaktionen. Handle für das Ziel, dem dein Leben gilt, mit aller Kraft, die dir in jedem Augenblick zu Gebote steht. Handle ohne Gedanken an die Folgen und ohne in irgendeiner Weise dich selbst zu suchen.

Dag Hammarskjöld

Die Via Podiensis von Puy-en-Velay nach Saint-Jean-Pied-de-Port

5. Februar

Lust verkürzt den Weg.
William Shakespeare

Estaing, Aveyron.

Halte sur
les Chemins
de St Jacques

Die Via Podiensis von Puy-en-Velay nach Saint-Jean-Pied-de-Port

6. Februar

Ich bin mitten auf der Wanderung.
Du gehst vor mir und leitest mich,
dass kein Schritt ohne Dich sei,
auch in kommender Zeit.
Hanna Hümmer

Die Via Podiensis von Puy-en-Velay nach Saint-Jean-Pied-de-Port

7. Februar

Man besitzt nur das, was man freigibt.

Simone Weil

Die Via Podiensis von Puy-en-Velay nach Saint-Jean-Pied-de-Port

8. Februar

Denn der Herr ist der Geist; wo aber der Geist des Herrn ist, da ist Freiheit.
2 Kor 3,17

Die Via Podiensis von Puy-en-Velay nach Saint-Jean-Pied-de-Port

9.
Februar

Ganz licht und klar sein heißt: am Ziele sein.

Bernhard von Clairvaux

Conques, Abstieg zur Basilika Sainte-Foy.

Die Via Podiensis von Puy-en-Velay nach Saint-Jean-Pied-de-Port

10. Februar

Behüte meinen Weg. Richte mich,
dass ich nicht festlaufe.
Huub Oosterhuis

Das Dorf Conques mit der Basilika Sainte-Foy.

11.
Februar

Ruhe ist Glück, wenn sie ein Ausruhen ist.
Ludwig Börne

Conques, Detail des Tympanum über das Jüngste Gericht.

12. Februar

Nur mit dem Unmöglichen
als Ziel kommt man zum Möglichen.
Miguel de Unamuno y Jugo

Abteikirche Sainte-Foy.

Die Via Podiensis von Puy-en-Velay nach Saint-Jean-Pied-de-Port

13. Februar

Alles zur rechten Zeit.
Pittakos

Messe in der Basilika Sainte-Foy.

Die Via Podiensis von Puy-en-Velay nach Saint-Jean-Pied-de-Port

14. Februar

Wohl dem Mann, der den Herrn fürchtet und ehrt
und der auf seinen Wegen geht!
Wallfahrtslied Ps 128,1

Abteikirche Sainte-Foy, die Jakobskapelle.

Die Via Podiensis von Puy-en-Velay nach Saint-Jean-Pied-de-Port

15.
Februar

Viele sind hartnäckig in Bezug auf den einmal eingeschlagenen Weg, wenige in Bezug auf das Ziel.
Friedrich Nietzsche

Die Via Podiensis von Puy-en-Velay nach Saint-Jean-Pied-de-Port

16. Februar

Was keine zeitweilige Pause kennt,
ist nicht dauerhaft.
Ovid, Heroinen

Die Via Podiensis von Puy-en-Velay nach Saint-Jean-Pied-de-Port

17. Februar

Jeder Mensch hat zwei Reisen in diesem Leben zu machen. Die äußere Reise mit ihren verschiedenen Ereignissen und den Meilensteinen von Jugend, Ehe, mittlerem Alter und Senilität. Es gibt auch eine innere Reise, eine spirituelle Odyssee, die eine eigene, geheime Geschichte hat.

W.R. Inge

Das Dorf Conques.

Die Via Podiensis von Puy-en-Velay nach Saint-Jean-Pied-de-Port

18. Februar

Der Zufall ist Gott, der inkognito reist.
Jean Guitton

Am Ortsausgang von Conques überragt die Kapelle Saint-Roch das Dourdou-Tal.

19. Februar

… Ich sah einen Mann in Lumpen mit einer großen Last auf seinem Rücken. Ich sah, wie er in Weinen ausbrach: Was soll ich tun, um errettet zu werden? Ich sah dann einen Mann, der Apostel heißt, der zu ihm kam und fragte: Siehst du das Licht dort hinten? Bewahre dieses Licht in deinem Auge. So sah ich, dass der Mann zu laufen begann.

John Bunyan

Gasse in Conques, Abstieg in Richtung der Kapelle Saint-Roch.

20. Februar

Es geht nicht an, dem Menschen zu sagen, welchen Weg er gehen soll. Denn da ist ein Weg, Gott zu dienen durch Lehre, und da ist ein Weg, Gott zu dienen durch Gebet; da ist ein anderer Weg, Gott zu dienen durch Fasten, und wieder ein anderer, Gott zu dienen durch Essen. Jedermann soll darauf achten, zu welchem Weg ihn sein Herz zieht; dann soll er diesen mit ganzer Kraft wählen!

Martin Buber

Rocamadour.

Die Via Podiensis von Puy-en-Velay nach Saint-Jean-Pied-de-Port

21. Februar

Erfahrung ist ein langer Weg.
Deutsches Sprichwort

Die Schwarze Jungfrau von Rocamadour (12. Jahrhundert).

22.
Februar

Verachte dein Gebet nicht, denn Gott verachtet es nicht.
St. Bernhard

Figeac.

Die Via Podiensis von Puy-en-Velay nach Saint-Jean-Pied-de-Port

23. Februar

Kein Leid soll dir geschehen in den Bergen, am Fluss und im Tal, nicht oben, nicht unten, weder auf See noch an Land, nicht hoch am Himmel und nicht in der Tiefe.

Keltischer Segensspruch

Die Pont Valentré von Cahors.

Die Via Podiensis von Puy-en-Velay nach Saint-Jean-Pied-de-Port

24. Februar

Ein Mann wollte einmal nach Jerusalem gehen, und da er den Weg nicht kannte, fragte er einen anderen. Der Weg ist lang, sagte dieser, und voller Gefahren. Außerdem gibt es zahlreiche Straßen, die dorthin zu führen scheinen, aber jeden Tag werden Menschen getötet und ausgeraubt, und sie haben ihr Ziel nie erreicht. Der Pilger antwortete: Mir macht es nichts aus, viele Gefahren bestehen zu müssen, solange ich mein Ziel erreiche.

Walter Hilton

Die Via Podiensis von Puy-en-Velay nach Saint-Jean-Pied-de-Port

25. Februar

Warte nicht darauf, bereit zu sein. Alles, was du für diese Reise brauchst, ist jetzt schon da.

K. Bradford Brown

Moissac, Saint-Pierre, die Jungfrau Maria, Grablegung (15. Jahrhundert).

Die Via Podiensis von Puy-en-Velay nach Saint-Jean-Pied-de-Port

26. Februar

Auch wenn der Weg eben und leicht ist für den Menschen guten Willens: Wer sich auf den Weg macht, wird nur wenig Weg zurücklegen und noch dazu unter Mühsal, wenn er auf diesem Weg nicht gute Füße hat, Mut und einen mutigen Dickkopf.

Johannes vom Kreuz

Der Kreuzgang von Moissac, mit 76 kunstvoll ausgearbeiteten Kapitellen.

27.
Februar

Wer nicht an Wunder glaubt, ist nicht realistisch.
David Ben Gourion

Moissac, Saint-Pierre. Der Prophet Jeremias.

Die Via Podiensis von Puy-en-Velay nach Saint-Jean-Pied-de-Port

28. Februar

Gib mir meine Schale der Ruhe, meinen Wanderstab des Glaubens, meine Schrift der Freude, meine unsterbliche Nahrung, meine Flasche der Erlösung: Mein Gewand der Herrlichkeit, meiner Hoffnungen wahres Maß – und so werde ich mich auf die Wallfahrt begeben.

Sir Walter Raleigh

Die Via Podiensis von Puy-en-Velay nach Saint-Jean-Pied-de-Port

1. März

Große Seelen haben nicht etwa weniger Leidenschaften
und mehr Tugenden als die gewöhnlichen,
sondern nur größere Ziele.
François de La Rochefoucauld

Jungfrau von Mossaic, Abteikirche Saint-Pierre.

Die Via Podiensis von Puy-en-Velay nach Saint-Jean-Pied-de-Port

2. März

Gott über mir, Gott unter mir, Gott vor mir. Ich auf deinem Pfad, o Gott, Du, o Gott, in meinen Schritten.

Carmina Gadelica

Die Via Podiensis von Puy-en-Velay nach Saint-Jean-Pied-de-Port

3.
März

Wer immer still zu Hause hockt, kann dennoch der größte Vagabund sein, der Pilger dagegen, den ich meine, vagabundiert ebenso wenig wie ein mäandernder Fluss, der doch fortwährend emsig bestrebt ist, den kürzesten Weg zum Meer zu nehmen.

Henry David Thoreau

Relique des Heiligen Antonius, Saint-Antoine-sur-Arrats.

Die Via Podiensis von Puy-en-Velay nach Saint-Jean-Pied-de-Port

4. März

Ich wusste, dass Wandern nicht nur ein Mittel war, um irgendwohin zu gelangen, sondern einen Wert an sich besaß, eine Form von Meditation sein konnte, ein Lebenszustand. Daraus sammelte ich Stärke und ging weiter.

Satish Kumar

Die Stiftskirche in La Romieu.

Die Via Podiensis von Puy-en-Velay nach Saint-Jean-Pied-de-Port

5. März

Als ich reiste, sah ich viele Dinge und verstand mehr, als ich ausdrücken kann.

Apokryphen, Ecclesiasticus, 34,11-12

Die Via Podiensis von Puy-en-Velay nach Saint-Jean-Pied-de-Port

6. März

Natürlich bekümmerte mich zunächst, dass ich nicht in der Lage war, meinen Wunsch auszuführen, nach Jerusalem zu wandern, aber ich dachte nach und fand, dass auch das nicht ohne göttliche Vorsehung so geschehen war. Das stimmte dann auch, denn ich begegnete vielen Menschen, die mir Dinge zeigten, die ich nicht wusste. Falls die Notwendigkeit dazu nicht existiert hätte, wäre ich meinen spirituellen Wohltätern nie begegnet.

Aufrichtige Erzählungen eines russischen Pilgers

Die Via Podiensis von Puy-en-Velay nach Saint-Jean-Pied-de-Port

7. März

Niemand kann dich suchen, der dich nicht schon gefunden. Du lässt dich finden, um gesucht zu werden. Du lässt dich suchen, damit man dich finde.

Aurelius Augustinus

Die Via Podiensis von Puy-en-Velay nach Saint-Jean-Pied-de-Port

8. März

Drei Pfade hat der Mensch in sich, in denen sich sein Leben tätigt: die Seele, den Leib und die Sinne.

Hildegard von Bingen

Nogaro.

Die Via Podiensis von Puy-en-Velay nach Saint-Jean-Pied-de-Port

9. März

Achtsamkeit ist das Licht, das uns den Weg weist, das uns Einsicht, Erwachen, Mitgefühl und Liebe schenkt.«

Thich Nhat Hanh

Aire-sur-l'Adour, Sarkophag Sainte Quitterie.

Die Via Podiensis von Puy-en-Velay nach Saint-Jean-Pied-de-Port

10. März

Selbst in der Nacht, wenn ich schlief, träumte ich, dass ich wanderte, und als ich am nächsten Morgen aufstand, war ich überrascht, noch am selben Ort zu sein.

Irawati Karve

Friedhof von Ostabat (Baskenland).

11.
März

Gehe in dich, im Innern des Menschen
wohnt die Wahrheit.

Aurelius Augustinus

Die Via Podiensis von Puy-en-Velay nach Saint-Jean-Pied-de-Port

12. März

Das geistige Erwachen ist das Natürlichste
im Menschen, ja, es ist der eigentliche
Sinn seiner Existenz.

Khalil Gibran

13. März

Bei Tag und Nacht sei dir Freude vergönnt, Freude an Sonne und Mond, Freude bei Männern und Frauen, wo immer du hingehst, zu Land und zur See.

Keltische Weisheit

14. März

Wenn wir einen achtsamen Schritt tun, die Erde frei und glücklich berührend, tun wir es für alle früheren und künftigen Generationen.

Thich Nhat Hanh

15.
März

Spannung, unterdrückte Aufregung, das Gefühl, dass bald ein wichtiges Ereignis käme, pulste im Herzen jedes Pilgers … Zum ersten Mal hörte ich, während die weiß gekleideten Pilger an der Reling standen, den ewigen Gesang der Pilger, der Tausende von Malen während meines Aufenthalts hier wiederholt werden sollte: Wir sind hier, o Herr, wir sind hier!

Idries Shah

Die Via Podiensis von Puy-en-Velay nach Saint-Jean-Pied-de-Port

16. März

Um ein Wanderer zu sein, braucht man
eine Berufung direkt vom Himmel
Henry David Thoreau

Die Via Podiensis von Puy-en-Velay nach Saint-Jean-Pied-de-Port

17. März

Man muss etwas nach und nach erringen.
Und genau jetzt ist der Augenblick dafür.

Simone Weil

Die Via Podiensis von Puy-en-Velay nach Saint-Jean-Pied-de-Port

18. März

Apropos Gehen: Wohin sollten wir gehen,
wenn nicht nach innen?

Doris Lessing

Die Via Podiensis von Puy-en-Velay nach Saint-Jean-Pied-de-Port

19.
März

Das Gebet, der Kirche Festmahl, der Engel Alter,
Gottes Odem im Menschen, der zu seiner Geburt
zurückkehrt, die Seele in einer Umhüllung,
das Herz in der Pilgerschaft – das ist ein Lied,
das alle Dinge hören und fürchten.

George Herbert

Die Via Podiensis von Puy-en-Velay nach Saint-Jean-Pied-de-Port

20. März

Mögen die Engel mich behüten,
wenn ich mich niederlege. Mögen Engel mich bewachen,
in meinem einsamen Schlaf.

Keltischer Segen

21. März

Heil dir, Jerusalem, Stadt des großen Königs, Herrlichkeit und Krone der ganzen Erde, Freude und Genuss der gläubigen Seele. O Jerusalem, Jerusalem, erhebe dich, erhebe deine Augen und blicke umher und sieh all diese Pilger, deine Söhne, die von den äußersten Enden der Welt gekommen sind, die immer noch in Heerscharen herbeikommen, damit sie deinen Glanz sehen und die Herrlichkeit des Herrn, die über dir erstanden ist.

Felix Fabri

CONVENTUS
HOSPIT
06 SET. 1999
VILLA DE
LARRASOAÑA
Date : 7-9-99
MALTA
ENCOMIENDA DE CIZUR MENOR
Date : 8/9/99
REFUGIO P.P.
PUENTE LA
(Navarr
Date :
CAMINO
Date :
CAMINO DE SANTIAGO
ALBERGUE DE PEREGRINOS
(BURGOS)
REDECILLA del CAMINO
Date : 13 Septiembre 99
SANTUARIO SAN JUAN DE ORTEGA
(BURGOS)
CAMINO DE SANTIAGO
Date : 14-9-99
CASTRO JERIZ
Date :
EL BURGO
RANERO
(León)
DE SANTIAGO
José
Date : 20/09/99
MANSILLA
DE LAS MULAS
MUNICIPAL
ULTREIA
Date :
Date :
Encina
ALBERGUE MUNICIPAL
DE
PEREGRINOS
Villafranca del Bierzo
(León)
26-9-99
Date :
MANSILLA DE LAS MULAS
20-9-99
Date :
Bar - Res
EL PER
ESPECIALIDAD EN:
Ctra. VI, Km. 419 - Telf.:
LA PORTELA DE VA
27-9
Date :

Die Via Podiensis von Puy-en-Velay nach Saint-Jean-Pied-de-Port

22.
März

Geh, als ob du mit deinen Füßen
die Erde küssen würdest.
Thich Nhat Hanh

Saint-Jean-Pied-de-Port, Brücke über die Nive.

Die Via Podiensis von Puy-en-Velay nach Saint-Jean-Pied-de-Port

23. März

Wir reisen nicht nur an andere Orte, sondern vor allem reisen wir in andere Verfassungen der eigenen Seele.

Werner Bergengruen

ICI
REFUGE
POUR LES PÉLERINS
DE St JACQUES
COMPOSTELLE

24.
März

Die Bedeutung eines Menschen liegt nicht in dem,
was er erreicht hat, sondern in dem,
was er sich zu erreichen sehnt.

Khalil Gibran

25.
März

Die Reise mahnt uns, stets im Sinn zu halten
und darauf bedacht zu sein, das eigene Land zu suchen.
Du weißt es, glaub ich, nicht: Dies Land heißt Paradies.

Otfried von Weissenburg

26.
März

Nie hat ein Mensch sich irgendwonach so sehr gesehnt, wie Gott sich danach sehnt, den Menschen dahin zu bringen, dass er seiner innewerde.

Meister Eckhart

27.
März

Unsere Weisen lehren: ›Suche den Frieden an deinem Ort!‹ Nur der findet Frieden, der nirgendwo anders sucht als bei sich selbst.

Israel ben Eliser

Die Via Podiensis von Puy-en-Velay nach Saint-Jean-Pied-de-Port

28.
März

Wie oft werden wir von einem scharf ins Auge gefassten Ziel abgelenkt, um ein höheres zu erreichen!

Johann Wolfgang von Goethe

Marienstatue auf dem Gipfel des Itchachéguy.

29.
März

Wer seinen eigenen Weg geht, dem wachsen Flügel.
Weisheit des Zen-Buddhismus

Die Via Podiensis von Puy-en-Velay nach Saint-Jean-Pied-de-Port

30. März

Du reisest, ein Geschick bestimmt den Raum.

Johann Wolfgang von Goethe

Ni naiz bidea...
Je suis le chemin...

Die Via Podiensis von Puy-en-Velay nach Saint-Jean-Pied-de-Port

31. März

Sei getrost, du würdest mich nicht suchen,
hättest du mich nicht gefunden.
Blaise Pascal

Auf den Wegen von Tours und Vézelay

1. April

Denn der Weg eines jeden liegt offen vor den Augen des Herrn, er achtet auf all seine Pfade.
Spr 5,21

2. April

Am glücklichsten ist, wer nur eines wünscht: Gott nahe zu sein und in dieser wie in der anderen Welt nach keinem anderen Besitz verlangt als nach Einssein mit Gott. Wer Gott besitzt, dem kann die Welt nichts geben, was er nicht schon in Fülle besäße.

Rabia von Basri

Die Chagall-Fenster in der Kathedrale von Reims.

Auf den Wegen von Tours und Vézelay

3. April

Wer einen schweren Weg gegangen,
ging ihn für sich und für uns.
Thomas von Aquin

Die Kathedrale von Reims.

Auf den Wegen von Tours und Vézelay

4. April

Deine Augen sollen geradeaus schauen, und deine Blicke richte nach vorn! Ebne die Straße für deinen Fuß, und alle deine Wege seien geordnet. Bieg nicht ab, weder rechts noch links, halt deinen Fuß vom Bösen zurück!

Spr 4,24-27

Auf den Wegen
von Tours und Vézelay

5.
April

Soll dein Kompass dich richtig leiten, hüte dich vor Magnetstein', die dich begleiten.

Johann Wolfgang von Goethe

Auf den Wegen von Tours und Vézelay

6. April

Es ist notwendig, dass der Mensch alle seine Seelenkräfte nach vernünftigem Ermessen wirksam sein lasse und sich ein Ziel vor Augen setze, nämlich dies: Gott, den Allmächtigen und Erhabenen, zu erfassen, soweit es dem Menschen möglich ist.

Moses Maimonides

Rouen, Astronomische Uhr.

7. April

Geh langsam. Beeile dich nicht. Jeder Schritt bringt dich zum besten Augenblick deines Lebens: dem gegenwärtigen.
Thich Nhat Hanh

Auf den Wegen
von Tours und Vézelay

8. April

Auf der Reise rafft man auf, was man kann,
jeder Tag bringt etwas, und man eilt auch,
darüber zu denken und zu urteilen.
Johann Wolfgang von Goethe

Kapitell, Saint-Jacques in Nantes.

Auf den Wegen von Tours und Vézelay

9.
April

Ich vergesse, was hinter mir liegt, und strecke mich
nach dem aus, was vor mir ist. Das Ziel vor Augen,
jage ich nach dem Siegespreis: der himmlischen Berufung,
die Gott uns in Christus Jesus schenkt.

Phil 3,13f

10. April

Wandern ist die vollkommenste Art der Fortbewegung, wenn man das wahre Leben entdecken will. Es ist der Weg in die Freiheit.

Elisabeth von Arnim

Die Abtei Saint-Benoît-sur-Loire.

Auf den Wegen von Tours und Vézelay

11. April

Kommt alle zu mir, die ihr euch plagt
und schwere Lasten zu tragen habt.
Ich werde euch Ruhe verschaffen.
Mt 11,28

Auf den Wegen von Tours und Vézelay

12. April

Wohl den Menschen, die Kraft finden in dir, wenn sie sich zur Wallfahrt rüsten. Ziehen sie durch das trostlose Tal, wird es für sie zum Quellgrund, und Frühregen hüllt es in Segen. Sie schreiten dahin mit wachsender Kraft …

Ps 84,6-8

Krypta von Saint-Benoît-sur-Loire.

Auf den Wegen von Tours und Vézelay

13. April

Meine Hilfe kommt vom Herrn, der Himmel und Erde gemacht hat. Der Herr ist dein Hüter, der Herr gibt die Schatten; er steht dir zur Seite. Bei Tag wir dir die Sonne nicht schaden noch der Mond bei Nacht. Der Herr behüte dich vor allem Bösen, er behüte dein Leben.
Der Herr behüte dich, wenn du fortgehst und wiederkommst, von nun an bis in Ewigkeit.
Wallfahrtslied, Ps 121,1-8

Auf den Wegen von Tours und Vézelay

14. April

Alles ist Weg.
Martin Heidegger

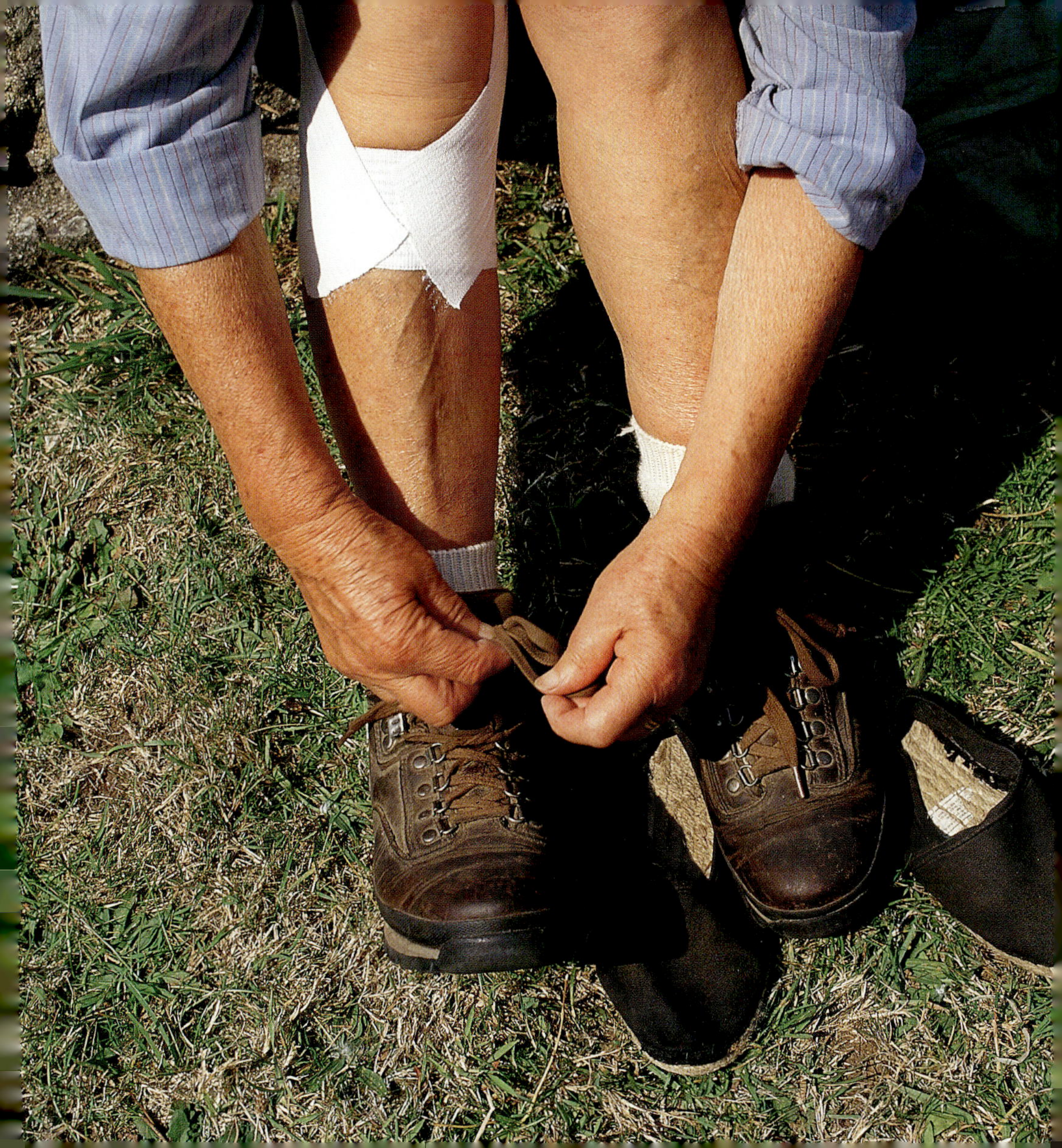

15. April

Du musst ein Ziel haben für dein ganzes Leben, ein Ziel für eine bestimmte Epoche deines Lebens, ein Ziel fürs Jahr, für den Monat, für die Woche, für den Tag wie auch für die Stunde und die Minute und musst jeweils die untergeordneten Ziele den übergeordneten opfern.

Leo N. Tolstoi

Die Kathedrale von Chartres.

Auf den Wegen von Tours und Vézelay

16. April

Wünsche sind Umwege zum Glück.

Griechische Weisheit

Chorumgang der Kathedrale von Chartres.

17.
April

Unser Gott geht uns voran, wir gehen ihm nach, der Weg ist sein Weg, es ist an uns, ihm auf seinen Wegen zu folgen. Es ist ein herausholender, führender, wegweisender Gott, dessen Schritt zwischen dem rechten und den unzähligen falschen Wegen scheidet.

Martin Buber

18. April

So viel ist sicher: Reisen tut immer gut.

Voltaire

Fassade der Kathedrale von Chartres.

19.
April

Denn wie es im Himmel viele Wohnungen gibt,
so gibt es auch viele Wege dahin.

Teresa von Avila

20.
April

Wenn der April mit seinen Regenschauern die Trockenheit des Märzes bis zu den Wurzeln durchdrungen hat, dann sehnt sich das Volk auf Pilgerfahrt zu gehen.

Geoffrey Chaucer

21.
April

Das Gehen erhält eine zusätzliche Bedeutung,
wenn es als Metapher für den eigenen Lebensweg
betrachtet wird. So wird das Wandern nach innen
zum Weg der Läuterung …

Lauren Artress

Notre-Dame du Crann, Spézet (Finistère).

Auf den Wegen
von Tours und Vézelay

22.
April

So ziehe ich nun meiner Wege und verrichte unablässig das Jesusgebet, das mir wertvoller und süßer ist als alles andere in der Welt … Fährt mir eisige Kälte durch die Glieder, so beginne ich das Gebet angespannter herzusagen und bin bald vollkommen erwärmt.

Aufrichtige Erzählungen eines russischen Pilgers

Auf den Wegen von Tours und Vézelay

23. April

Eine tausend Meilen weite Reise
beginnt vor deinen Füßen.
Laotse

Auf den Wegen
von Tours und Vézelay

24.
April

Suche dir einen Pfad, der dir zeigt, wie der Gefallene wieder aufsteht, wie man die Leere füllt und wie ein ruheloses Herz schließlich sein Ziel findet.

Keltische Weisheit

Neuvy (Indre), Saint-Sépulcre.

Auf den Wegen von Tours und Vézelay

25. April

Glauben ist eine Oase im Herzen,
die die Karawane des Denkens nie erreicht.
Khalil Gibran

Cluny, Relikt aus der Vorhalle der ehemaligen Abtei.

Auf den Wegen von Tours und Vézelay

26. April

Das Wunder besteht nicht darin, in dünner Luft
oder auf dem Wasser zu gehen,
sondern einfach auf der Erde zu gehen.
Thich Nhat Hanh

Châtellerault, Heiligenstatue in der Kirche Saint-Jacques.

Auf den Wegen von Tours und Vézelay

27. April

Die beste Bildung findet ein
gescheiter Mensch auf Reisen.
Johann Wolfgang von Goethe

Auf den Wegen von Tours und Vézelay

28. April

Geh deinen Weg, und du wirst getragen.
Benedikt von Nursia

Tours, Kathedrale Saint-Gratien.

Auf den Wegen von Tours und Vézelay

29. April

Die Menschen gehen in die Ferne, um die Berggipfel
zu betrachten, doch an sich selbst gehen sie vorbei.

Aurelius Augustinus

Auf den Wegen von Tours und Vézelay

30. April

Fehl geht nur selten, wer in Kargheit sich genügt.
Konfuzius

Die Via Lemovicensis von Vézelay nach Saint-Palais

1. Mai

Wenn jemand des Weges sicher sein will,
auf dem er geht, muss er die Augen schließen
und im Dunkeln gehen.
Johannes vom Kreuz

2. Mai

Gott verlangt nie etwas von uns, was über unsere Kräfte geht, er selbst gibt uns die Kraft, das zu vollenden, was er von uns verlangt.

Papst Johannes Paul II.

Die Basilika Sainte-Madeleine.

3. Mai

Klugheit betrachtet die Wege zur Glückseligkeit,
Weisheit aber betrachtet den Inbegriff
der Glückseligkeit selbst.
Thomas von Aquin

Die Via Lemovicensis
von Vézelay nach Saint-Palais

4.
Mai

Man kann es auf weiten Reisen erleben,
wie vertraut und lieb der Mensch dem Menschen ist.
Aristoteles

Die Via Lemovicensis von Vézelay nach Saint-Palais

5. Mai

Auf Deinen Spuren, Herr, bildet mein Lebensweg
die Zielgerade zur Ewigkeit.
Christian Hies

Die Via Lemovicensis von Vézelay nach Saint-Palais

6. Mai

Das spirituelle Erwachen ist das wichtigste Ziel
im Leben des Menschen.
Khalil Gibran

Messe in der Basilika Sainte-Madeleine, Vézelay.

Die Via Lemovicensis von Vézelay nach Saint-Palais

7. Mai

Das Leben besteht in der Annäherung an Gott.
Leo N. Tolstoi

Vézelay: Die Verdammten, Detail des Tympanum.

Die Via Lemovicensis von Vézelay nach Saint-Palais

8. Mai

Du kannst den Weg nicht beschreiten, solange du nicht selbst zum Weg geworden bist.
Weisheit des Zen-Buddhismus

Vézelay: Detail des Eingangsportals, Sainte-Madeleine.

9. Mai

Die Kunst besteht nicht darin, wie man fällt, sondern darin, dass man wieder aufsteht.

Nelson Mandela

Die Via Lemovicensis
von Vézelay nach Saint-Palais

10. Mai

O Tiefe des Reichtums, der Weisheit und der Erkenntnis Gottes! Wie unergründlich sind seine Entscheidungen, wie unerforschlich seine Wege!

Röm 11,33

Vézelay.

11.
Mai

Der zum Weg Berufene hat den Auftrag,
das Unendliche im Endlichen zu suchen,
zu finden und zu bezeugen.
Karlfried Graf Dürckheim

Die Via Lemovicensis von Vézelay nach Saint-Palais

12. Mai

Manche argumentieren, das Wort ›pilgern‹ bedeute ursprünglich ›fremd sein‹, ›nicht daheim sein‹ – was, ins Positive gewendet, hieße, dass ein solcher Mensch, der kein Zuhause hat, überall zu Hause ist. Dies nämlich ist das Geheimnis des erfolgreichen Pilgerns.

Henry David Thoreau

Vézelay, Detail des Tympanum.

13.
Mai

Der gestrige Tag ist schon entschwunden,
der morgige noch nicht da. Heute ist der einzige Tag,
über den wir wirklich verfügen. Heute ist der wichtigste
Tag in unserem Leben.

Thich Nhat Hanh

14.
Mai

Möge die Straße dir entgegen eilen, möge der Wind dir im Rücken sein, möge die Sonne dein Antlitz wärmen, und bis wir uns wiedersehen, möge Gott dich halten in seiner mächtigen Hand.

Keltischer Segensspruch

Charité-sur-Loire (Nièvre), Chorumgang von Notre-Dame.

Die Via Lemovicensis von Vézelay nach Saint-Palais

15. Mai

Der Herr ist deine Zuflucht, du hast dir den Höchsten als Schutz erwählt. Dir begegnet kein Unheil, kein Unglück naht deinem Zelt. Denn er befiehlt seinen Engeln, dich zu behüten auf all deinen Wegen.

Ps 91,9f

Brancion (Saône-et-Loire), Ankunft der Pilger

GROS Georges
19-9-48

16. Mai

Wir können nicht einen Schritt zum Himmel hinauf tun.
Gott durchquert das All und kommt zu uns.
Simone Weil

Die Kathedrale von Nevers.

Die Via Lemovicensis
von Vézelay nach Saint-Palais

17.
Mai

Das gleiche Ziel wird auf
verschiedenen Wegen erreicht.
Michel Eyquem de Montaigne

Tonnerre, Grablegung.

Die Via Lemovicensis
von Vézelay nach Saint-Palais

18.
Mai

Der Pfad des Glaubens führt in Einsamkeit und
Schweigen, aber Gott lässt die Seele Freude darin finden,
weil dort die Quellen des Wassers des Lebens fließen,
die Wahrheit und Verstehen sind, Geschenke Gottes …
Edith Stein

19. Mai

Läufst du zu rasch, erreichst du das Ziel nicht.
Jesus Sirach 11,10

Die Kathedrale Saint-Étienne, Bourges.

Die Via Lemovicensis von Vézelay nach Saint-Palais

20.
Mai

Die Mühen müssen wir an uns messen
und nicht uns an den Mühen.
Johannes vom Kreuz

Die Kathedrale Saint-Étienne, Bourges.

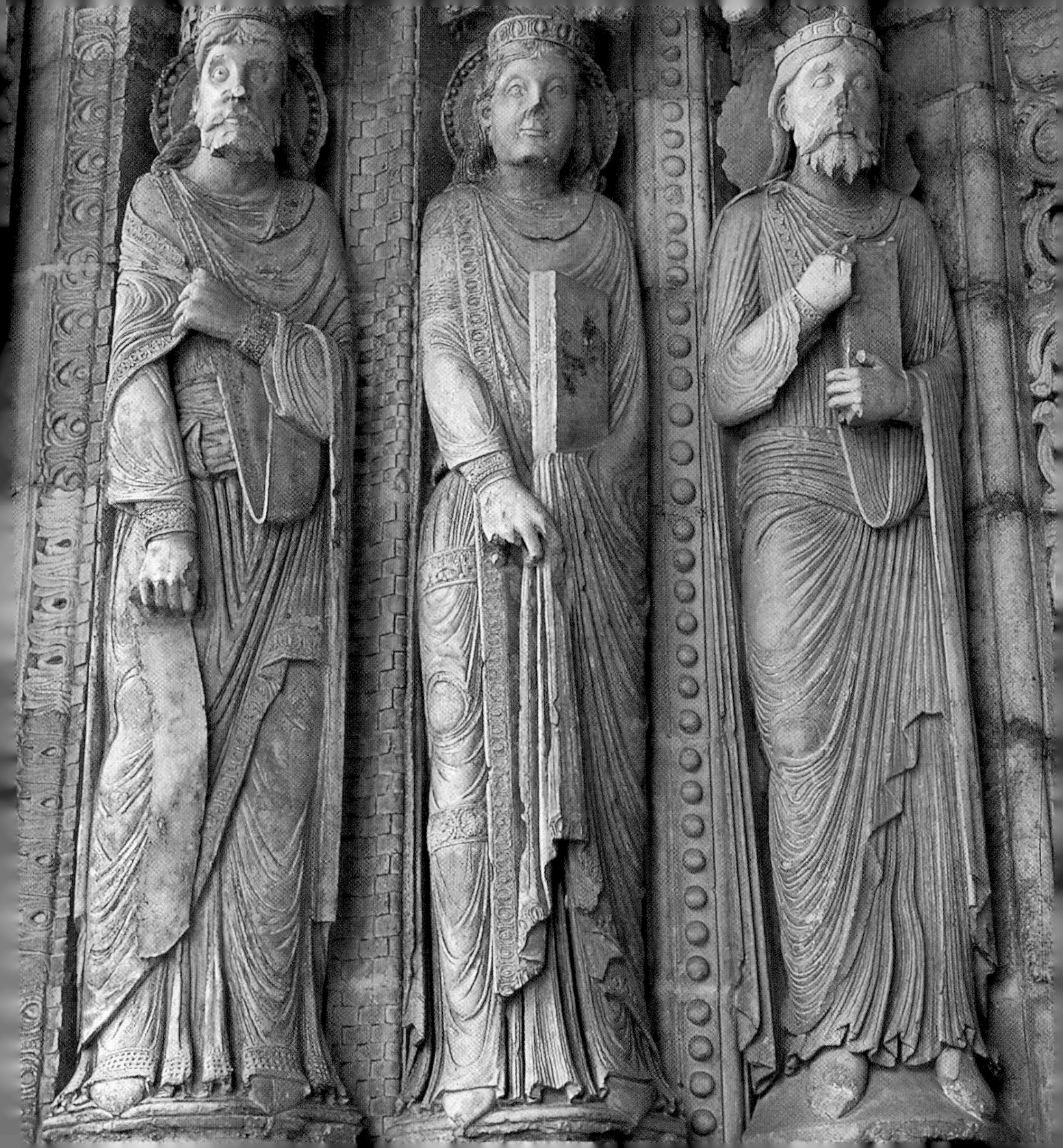

Die Via Lemovicensis von Vézelay nach Saint-Palais

21. Mai

Den Jakobsweg gehen heißt, sich selber suchen
und vielleicht am Grunde der eigenen Seele
das Wunder entdecken.

Kurt Benesch

Die Kathedrale Saint-Étienne, Bourges.

Die Via Lemovicensis
von Vézelay nach Saint-Palais

22.
Mai

So laufen wir nach dem, was vor uns flieht,
und achten nicht des Weges, den wir treten.
Johann Wolfgang von Goethe

23.
Mai

Gehmeditation ist wie ein Spaziergang. Wir haben dabei nicht die Absicht, einen bestimmten Ort innerhalb einer bestimmten Zeitspanne erreichen zu wollen. Zweck der Gehmeditation ist die Gehmeditation selbst. Jeder Schritt ist Leben; jeder Schritt ist Frieden.

Thich Nhat Hanh

Ehemaliges Hospiz (Berry).

Die Via Lemovicensis von Vézelay nach Saint-Palais

24. Mai

Ein Mann, der weit herumgekommen ist,
hat reiche Kenntnisse, und ein Vielerfahrener
wird verständig Aufschluss geben.
Sir 34,9

Die Via Lemovicensis von Vézelay nach Saint-Palais

25. Mai

Allein aus Freude am Sehen und ohne Hoffnung,
seine Eindrücke und Erlebnisse mitteilen zu dürfen,
würde niemand über das Meer fahren.
Blaise Pascal

26. Mai

Wem Gott will rechte Gunst erweisen,
den schickt er in die weite Welt.
Joseph von Eichendorff

Die Via Lemovicensis
von Vézelay nach Saint-Palais

27.
Mai

Der Weg ist gewunden, die Wahrheit ist gerade.
Chinesisches Sprichwort

Die Via Lemovicensis von Vézelay nach Saint-Palais

28. Mai

Der Schritt ist mehr als das Ziel.

Victor Auburtin

Das Künstlerdorf Gargilesse.

Die Via Lemovicensis von Vézelay nach Saint-Palais

29. Mai

Diese irdische Welt ist eine Karawanserei auf dem Wege zu Gott, und alle Menschen finden sich in ihr als Reisegenossen zusammen. Daher müssen sie Frieden und Eintracht miteinander halten und einander helfen und ein jeder die Rechte des andern achten

Al-Ghasâli

Autun, Kapitell der Kathedrale.

Die Via Lemovicensis von Vézelay nach Saint-Palais

30. Mai

Der Preis für eine jede Sache ist die Zeit,
die man dafür aufwendet.
Henry David Thoreau

Die Via Lemovicensis von Vézelay nach Saint-Palais

31. Mai

Die ersten Schritte sind wertlos,
wenn der Weg nicht zu Ende gegangen wird.
Shankara

Maria und Kind, Detail eines Kapitells der Kathedrale von Autun.

Wege in Spanien
von Roncevaux nach Puente la Reina

1.
Juni

Das Reisen hat seine Gefahren wie alles andere;
wer sie nicht in Kauf nehmen will, muss zu Hause bleiben
oder die große Linie halten.

Theodor Fontane

Wege in Spanien
von Roncevaux nach Puente la Reina

2.
Juni

Gott, zeige uns Deinen Weg, den Weg,
der uns frei macht von unserem Zögern.
Josef Osterwalder

3.
Juni

Dies ist das Glück der Nomaden: Wer unterwegs ist, der
verwurzelt sich bei jedem neuen Schritt.
Er hat seinen Platz immer dort,
wo er sich gerade befindet.

Drugpa Rinpoche

Wege in Spanien
von Roncevaux nach Puente la Reina

4.
Juni

Am liebsten ist mir denn aber doch,
was ich in der Seele mitnehme und was, immer wachsend,
sich immer vermehren kann.

Johann Wolfgang von Goethe

5.
Juni

Auf einer Reise ersetzt ein
beredter Begleiter den Reisewagen.
Publilius Syrus

Wege in Spanien
von Roncevaux nach Puente la Reina

6.
Juni

Wenn der Weg unendlich scheint und
plötzlich nichts mehr gehen will, wie du es wünschst,
gerade dann darfst du nicht zaudern.
Dag Hammarskjöld

7.
Juni

Das gelobte Land ist das Land, wo man nicht ist.
Sprichwort aus England

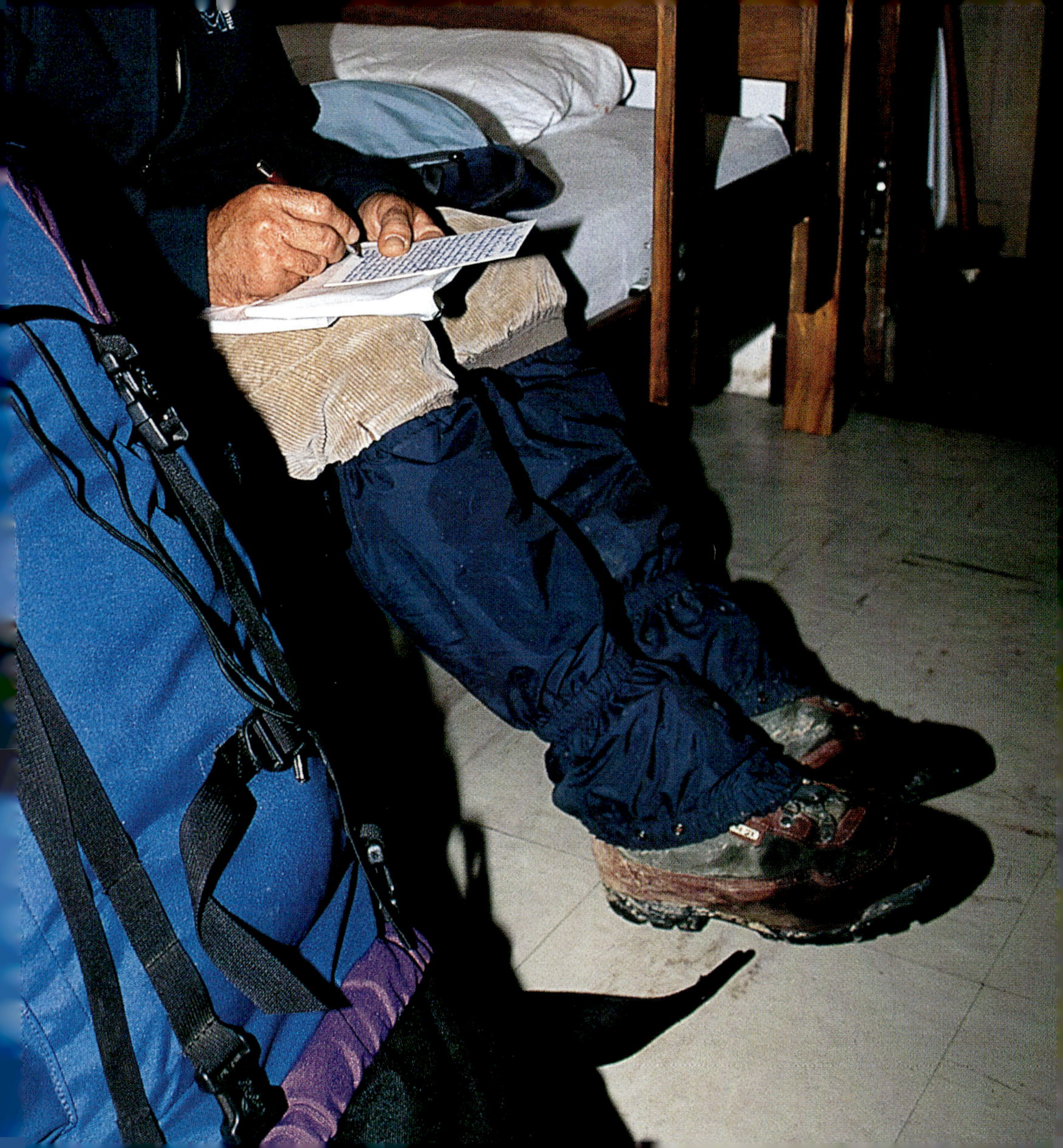

Wege in Spanien
von Roncevaux nach Puente la Reina

8.
Juni

Das ist das Angenehme auf Reisen, dass auch das Gewöhnliche durch Neuheit und Überraschung das Ansehen eines Abenteuers gewinnt.

Johann Wolfgang von Goethe

Brunnen von Roncevaux mit der Jungfrau Maria.

Wege in Spanien
von Roncevaux nach Puente la Reina

9.
Juni

Der Herr hat gut an mir gehandelt und
mir vergolten ... Denn ich hielt mich an
die Wege des Herrn ...
Ps 18,21f

Wege in Spanien
von Roncevaux nach Puente la Reina

10.
Juni

Du Gott der Anfänge, segne uns, wenn wir Deinen Ruf hören, wenn Deine Stimme uns lockt zu Aufbruch und Neubeginn.

Aus Irland

Kapelle Santa Maria d'Eunate (Navarra).

11.
Juni

Der Weg zur Freiheit ist wie eine Wallfahrt …
zwei Schritte vorwärts und einen zurück; aber man
kommt doch endlich vor dem Allerheiligsten an.

Fanny Lewald

Die Ebene von Pamplona (Navarra).

Wege in Spanien
von Roncevaux nach Puente la Reina

12. Juni

Der Reisende bricht unterwegs zu seinem höchsten Verdruss ein Rad und gelangt durch diesen unangenehmen Zufall zu den erfreulichsten Bekanntschaften und Verbindungen, die auf sein ganzes Leben Einfluss haben.

Johann Wolfgang von Goethe

13.
Juni

Auch der erste Schritt gehört zum Wege.
Arthur Schnitzler

Der Flecha Amarilla, der Gelbe Pfeil, ist das Wegzeichen des spanischen Jakobswegs.

14.
Juni

Jeder muss sich ein Ziel setzen, das er nicht erreichen kann, damit er stets zu ringen und zu streben habe.
Johann Heinrich Pestalozzi

Brücke in Puente la Reina.

Der Camino Francès
von Puente la Reina nach Santiago

15.
Juni

Folgte man aber dem Drängen, es zöge einen immer weiter in die Ferne.

Leo N. Tolstoi

Brücke über den Río Pisuergo, hinter Cirauqui.

Der Camino Francès von Puente la Reina nach Santiago

16. Juni

Ich habe mein Leben mit der Lektüre von Reisebeschreibungen zugebracht, und ich habe niemals ihrer zwei gefunden, die mir vom selben Volk dieselbe Vorstellungen vermittelt hätten.

Jean-Jacques Rousseau

San Pedro de la Rua, Estella.

Der Camino Francès
von Puente la Reina nach Santiago

17.
Juni

So ist der Mensch dem Menschen nicht
als unbedingtes Vorbild gesetzt, sondern das Göttliche,
Unendliche ist sein Ziel.

Caspar David Friedrich

Säulen im Kreuzgang von San Pedro de la Rua, Estella.

Der Camino Francès von Puente la Reina nach Santiago

18. Juni

Ein Weg braucht kein Wohin, es genügt ein Woher.
Ernst Barlach

19.
Juni

Wasser stürzt, uns zu verschlingen, rollt der Fels,
uns zu erschlagen, kommen schon auf starken Schwingen
Vögel her, uns fortzutragen.
Hugo von Hofmannsthal

FUENTE DE IRACHE

Der Camino Francès
von Puente la Reina nach Santiago

20.
Juni

Jeden Tag lernen wir Dinge, von denen wir keine Ahnung hatten. Reisen bildet wirklich sehr.

Voltaire

21.
Juni

Oft wissen wir nicht, wohin wir den Fuß setzen.
Dennoch gehen wir. Allein so zeigt sich der Weg.
Und mit dem Gehenden gehst Du.
Theresia Hauser

Villamayor de Monjardin.

Der Camino Francès
von Puente la Reina nach Santiago

22.
Juni

Ich weiß nur eine Art, angenehmer zu reisen als zu Pferde, nämlich zu Fuß zu gehen. Man bricht auf, wann man will, man hält nach Belieben inne; man macht so viel und so wenig Bewegungen, wie man will. Man beobachtet das ganze Land, man wendet sich zur Rechten und zur Linken, man untersucht alles, was einen erfreut, man hält an allen Aussichtspunkten Rast.

Jean-Jacques Rousseau

23.
Juni

Reisen macht einen jungen Mann an Erfahrung alt.
Chinesisches Sprichwort

Torres del Río (Navarra).

24.
Juni

Ein Kind, ein junger Mensch, die auf ihrem eigenen Wege irre gehen, sind mir lieber als manche, die auf fremdem Wege recht wandeln.

Johann Wolfgang von Goethe

25.
Juni

Reisen veredelt den Geist und
räumt mit unseren Vorurteilen auf.
Oscar Wilde

Santo Domingo de la Calzada (Rioja), Mater Dolorosa.

26. Juni

Wenn ich beschwingt neue Schritte wage, bist du bei mir.
Wenn ich bedrückt meine Lasten ertrage, bist du bei mir.
Wenn ich erfüllt von Lebensfreude singe, bist du bei mir.

Paul Weismantel

Hühnerstall in der Kathedrale Santa Domingo de la Calzada.

27.
Juni

Die, die ihren eigenen Weg nicht kennen,
zeigen anderen die Richtung.
Marcus Tullius Cicero

28.
Juni

Wer das silbrig helle Leben in den Bächen kennt,
der teilt die Weisheit mit der Unendlichkeit.
Keltische Weisheit

29.
Juni

Soll ich dir die Gegend zeigen,
musst du erst das Dach besteigen.
Johann Wolfgang von Goethe

30.
Juni

Um sich zu unterrichten, genügt es nicht, dass man nur die Länder durcheilt; man muss zu reisen wissen. Um zu beobachten, muss man Augen haben und sie auf den Gegenstand richten, den man kennen lernen will.

Jean-Jacques Rousseau

Kapitell der romanischen Kirche San Juan de Ortega.

1.
Juli

Diese Welt ist eine verschlossene Tür.
Sie ist ein Hindernis auf dem Weg zum Ziel.
Und gleichzeitig ist sie ein Durchgang.
Simone Weil

2.
Juli

Und wer, wie der Zugvogel, Rettung sucht durch Wechsel des Ortes, der findet sie nicht, denn für ihn ist die Welt überall gleich.

Anton P. Tschechow

Der Santo Cristo in der Kathedrale von Burgos.

I.N.R.I.

3.
Juli

Viele Fächer werden an unseren Schulen gelehrt, aber eines der wichtigsten fehlt: Reisekunde. Denn das intelligente Reisen, das Verständnis für fremde Länder und Völker, will gelernt sein.

John Steinbeck

Kathedrale von Burgos.

4.
Juli

Regen am Morgen hält den Wanderer nicht auf.

Sprichwort aus Frankreich

5.
Juli

Es gibt keinen erkennbaren Weg vor uns,
sondern nur hinter uns.
Waldemar Bonsels

Der Camino Francès
in Castille und Léon

6.
Juli

Wir mögen die Welt durchreisen,
um das Schöne zu finden, aber wir müssen es
in uns tragen, sonst finden wir es nicht.
Ralph Waldo Emerson

7.
Juli

Das Wissen um das Ziel setzt den Drang
nach dem Ziel voraus.

Oswald Spengler

8.
Juli

Bleibe nicht am Boden heften, frisch gewagt
und frisch hinaus! Kopf und Arm mit heiter'n Kräften,
überall sind sie zu Haus.

Johann Wolfgang von Goethe

Der Weg führt hier unter zwei Bögen hindurch,
die früher das Krankenhaus San Anton und seine Kirche miteinander verbanden.

9.
Juli

Das Zu-Fuß-Gehen ist gewiss die angenehmste Art zu reisen. Man genießt die Schönheiten der Natur, kann sich unerkannt unter allerlei Leute mischen und beobachten, was man ansonsten nicht erfahren würde.

Adolph Freiherr von Knigge

10.
Juli

Dem einen Ruhm, dem andern Vergessenheit,
dem einen ein Zepter, dem andern ein Wanderstab!
Heinrich von Kleist

11.
Juli

Es ist ein Fehler bei Fußreisen, dass man nicht oft genug rückwärts sieht, wodurch man die schönsten Aussichten verliert.

Johann Wolfgang von Goethe

12.
Juli

Brich auf, lass los, mach dich auf! Beginn, deine Wege zu verändern. Sei unterwegs mit Leib und Seele, mit ganzem Herzen.

Paul Martin Clotz

Der Camino Francès
in Castille und Léon

13.
Juli

Ja, wohl bin ich nur ein Wanderer, ein Waller
auf der Erde! Seid ihr denn mehr?

Johann Wolfgang von Goethe

14.
Juli

Bewahre meine Lieben und alle, die hier schlafen, vor Sünde und Leid. Bewache unsern Frieden von der Mitte der Nacht bis zur Befreiung des Lichts.

Keltische Bitte um Segen

Pietá in der Kirche von Fromista.

INRI

15.
Juli

Wo könnt ihr die Schönheit suchen und finden,
wenn sie für euch nicht selbst Fährte und
Wegweiser wäre.

Khalil Gibran

16.
Juli

Der kürzeste Weg ist nicht der möglichst gerade, sondern der, bei welchem die günstigsten Winde unsere Segel schwellen; so sagt die Lehre der Schifffahrer.

Friedrich Nietzsche

Carrion de los Condes.

Der Camino Francès in Castille und Léon

17. Juli

Gelobt seist du, mein Herr, durch unsere Schwester, Mutter Erde, die uns ernährt und lenkt und vielfältige Früchte hervorbringt und bunte Blumen und Kräuter.

Franz von Assisi

Der Camino Francès in Castille und Léon

18. Juli

Was man nicht erlernt, kann man erwandern.
Deutsches Sprichwort

19.
Juli

Wenn du einen vielbetretenen Weg lange gehst,
so gehst du ihn endlich allein.
Marie von Ebner-Eschenbach

20.
Juli

Es nützt Wallfahrern wenig, an einem bestimmten
Ort alte Wunder abstauben zu wollen; die eigentlichen
Wunder der Umkehr, der neuen Anfänge, der Vergebung,
der neuen Sicht auf alte Zusammenhänge
ereignen sich unterwegs.

Peter Modler

21.
Juli

Wenn in Wäldern Baum an Bäumen, Bruder sich
mir Bruder nähret, sei das Wandern, sei das Träumen
unverwehrt und ungestöret.

Johann Wolfgang von Goethe

22.
Juli

Schicke den Sohn, den du am liebsten hast,
auf Reisen.
Sprichwort aus Indien

Chor der Kathedrale von Léon. Grablegung.

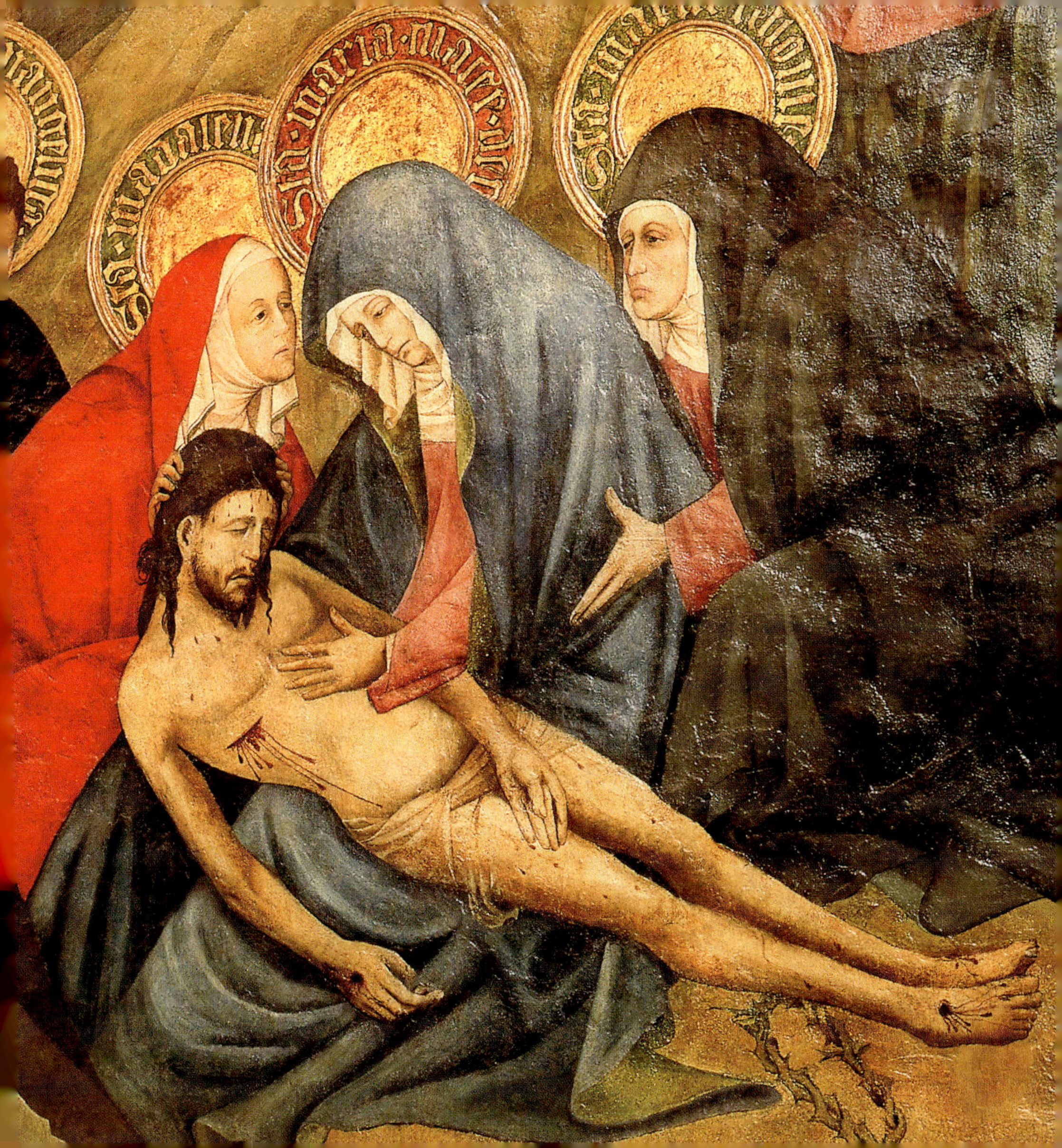

Der Camino Francès in Castille und Léon

23. Juli

Seinen eigenen Weg zu verfolgen, bleibt immer das Vorteilhafteste: Denn dieser hat das Glückliche, uns von Irrwegen wieder auf uns selbst zurückzuführen.

Johann Wolfgang von Goethe

Kathedrale von Léon, Detail der Fassade.

24.
Juli

Will man auf Wanderschaft gehen, dann ist die Wahl des geeigneten Schuhwerks ebenso wichtig wie die Wahl des geeigneten Wandergefährten. Mit beiden muss man sich erst einlaufen, sonst gibt es Blasen an den Füßen oder Blasen an der Seele.

Christine Brückner

CAMINO
DE
SANTIAGO

Der Camino Francès
in Castille und Léon

25. Juli

Zur Weggenossenschaft gehören beide Gaben, nicht
bloß ein gleiches Ziel, auch gleichen Schritt zu haben.
Friedrich Rückert

Der Camino Francès
in Castille und Léon

26.
Juli

Gut geht, wer ohne Spuren geht.
Laotse

Der Camino Francès in Castille und Léon

27. Juli

Zum Reisen gehört Geduld, Mut, Humor, Vergessen aller häuslichen Sorgen und dass man sich durch kleine widrige Zufälle, Schwierigkeiten, böses Wetter, schlechte Kost und dergleichen nicht entmutigen lasse.

Adolph Freiherr von Knigge

Bischofspalast und Kathedrale, Astorga.

Der Camino Francès in Castille und Léon

28. Juli

Möge Vergangenes dich nicht mehr beschweren,
wenn du aufbrichst zu neuen Ufern. Möge dein Vertrauen
wachsen mit jedem Schritt, den du unternimmst.
Sabine Naegeli

Der Bischofspalast von Astorga, erbaut von Antoni Gaudi, ist heute ein Pilgermuseum.

Der Camino Francès in Castille und Léon

29. Juli

Der Weg ist das Ziel.
Anonyme Lebensweisheit

76

Der Camino Francès
in Castille und Léon

30. Juli

Eh' ich die Reise beginne, tut es Not, dass ich mich auf mich selbst besinne. An die Mauer stoße, bis diese fällt und mich nicht mehr gefangen hält.

Altes Pilgerlied

Der Camino Francès
in Castille und Léon

31. Juli

Herr, Freund, du hast mich bei der Hand genommen,
nimmst mich mit bis ans Ende meines Weges.
Aus Peru

Der Camino Francès in der Provinz Léon

1. August

Du reisest vielerlei zu sehn und auszuspähn.
Hast du nicht Gott erblickt, so hast du nichts gesehn.
Angelus Silesius

2.
August

Das Wasser verliert niemals seinen Weg.
Sprichwort aus Afrika

Der Camino Francès in der Provinz Léon

3. August

Pilgerschaft ist Schweigen.
Christlicher Weisheitsspruch

Das berühmte Cruz de Ferro auf einem Steinhaufen in 1500 Meter Höhe.

Der Camino Francès in der Provinz Léon

4. August

Der Mensch mag sich wenden, wohin er will,
er mag unternehmen, was es auch sei, stets wird er
auf jenen Weg wieder zurückkehren, den ihm die Natur
einmal vorgezeichnet hat.
Johann Wolfgang Goethe

Am »Eisernen Kreuz« legt jeder Pilger einen Stein aus seiner Heimat und seine Sorgen ab.

Der Camino Francès
in der Provinz Léon

5. August

Wenn man nur ankommen will,
kann man mit der Post fahren; wenn man aber reisen will,
muss man zu Fuß gehen.
Jean-Jacques Rousseau

Der Camino Francès in der Provinz Léon

6. August

Das Ziel ist in der Verwirklichung das Letzte,
das Erste aber in der Absicht der Vernunft.

Thomas von Aquin

DAG
TRONDHEIM 5000 KM
MACHU-PICHU 9453Km
GALIZA 70Km
ROMA 2475 Km
FINISTERRE. 295 KM
JERUSALEM 5000
SANTIAGO 222 Km.
MANJARI
REFUGIO DE PEREGRINOS
PERMANEN

7.
August

Des Weges Weite gibt des Schrittes Maß.
Ernst Raupach

Der Camino Francès
im Bierzo

8.
August

Gott, lass mich als offene Muschel leben: mit den Erfahrungen dieser Reise, mit Santiago als Wegbegleiter, mit deiner befreienden Botschaft, mit deinem Segen.

Peter Müller

Der Camino Francès
im Bierzo

9.
August

Du Gott der Anfänge, behüte uns, wenn wir loslassen
und Abschied nehmen, wenn wir dankbar zurückschauen
auf das, was hinter uns liegt.
Aus Irland

Der Camino Francès im Bierzo

10. August

Nur Reisen ist Leben,
wie umgekehrt das Leben Reisen ist.
Jean Paul

11. August

Ein guter Mensch, in seinem dunklen Drange,
ist sich des rechten Weges wohl bewusst.
Johann Wolfgang von Goethe

Der Camino Francès im Bierzo

12. August

Ein schlechter Wegweiser, der selber ein Ziel hätte.

Heinrich Waggerl

Der Camino Francès im Bierzo

13. August

Freund, so du etwas bist, so bleib doch ja nicht stehn.
Man muss aus einem Licht fort in das andre gehen.
Angelus Silesius

O Cebreiro, Bronzekarte mit den Jakobswegen in Europa.

uando el romero alcanza
divisar el Pueblo
El Ca
Primer
GALWAY
DUBLIN
WATERFORD
BRISTOL
WINCHESTER
SOUTHAMPTON
DOVER
OSLO
BREMEN
HAMBURG
LUBECK
HANNOVER
MAGDEBURG
BERLIN
STETTIN
TORUN
WARSZAWA
POZNAŃ
DRESDEN
GORLITZ
WROCLAW
PRAHA
PILSEN
KRAKOW
LEMBERG
WIEN
GRAZ
BUDAPEST
ZAGREB
TRIESTE
VENEZIA
VERONA
MILANO
BOLOGNA
FIRENZE
SIENA
NAPOLI
GENEVE
BASEL
STRASBOURG
LUXEMBOURG
NAMUR
BRUXELLES
ANTWERPEN
UTRECHT
PADERBORN
ERFURT
GOTHA
WEIMAR
BAMBERG
HOF
NURNBERG
STUTTGART
PARIS
CHARTRES
ORLEANS
LE MANS
NANTES
SAINT-BRIEUC
MONT-SAINT-MICHEL
CAEN
TOURS
BOURGES
POITIERS
LIMOGES
PERIGUEUX
BORDEAUX
SAINTES
CLUNY
ARLES
TOULOUSE
MOISSAC
OLORON
JACA
HUESCA
ESTELLA
NAJERA
BURGOS
SANTANDER
CARRION
FROMISTA
CASTROJERIZ
SALAMANCA
ZAMORA
BEJAR
PLASENCIA
CACERES
MERIDA
MADRID
TOLEDO
ALMENDRALEJO
EVORA
BEJA
ZAFRA
SEVILLA
VISEU
GUARDA
TARAZONA

Der Camino Francès
im Bierzo

14.
August

Sein ganzes Leben leben, seine ganze Liebe lieben
und seinen ganzen Tod sterben.
Teresa von Avila

15.
August

Mein Schicksal ist zu wandern, meine Sehnsucht
ist es anzukommen, meine Freude ist es,
deine Freundschaft zu verspüren.
Aus Peru

Notre-Dame de Roncevaux.

Der Camino Francès
in Galicien

16.
August

Der Herr ist mein Hirte, nichts wird mir fehlen.
Er lässt mich lagern auf grünen Auen und führt mich zum
Ruheplatz am Wasser. Er stillt mein Verlangen;
er leitet mich auf rechten Pfaden.

Ps 23,1f

17.
August

Für jeden Menschen existiert ein besonderer Weg, auf
dem jede These für ihn zur Wahrheit wird.

Leo N. Tolstoi

Horreo, für Galicien und Asturien typisches Getreidesilo.

18.
August

Lass Deine Blumen blühen für jeden von uns,
lass Wind uns den Rücken stärken und die Sonne warm
auf das Gesicht schauen, wo immer wir gehen.
Aus Irland

19. August

Der Pilger darf sich nicht häuslich einrichten.
Er muss weiterwandern. So ist auch das Schweigen
Verzicht auf ein wohnliches Sich-Ausruhen,
Verzicht auf die Geborgenheit im Wort.

Anselm Grün

Der Camino Francès in Galicien

20. August

Es ist unmöglich, dass die ganze Wahrheit nicht zu aller Zeit, an allen Orten zugegen ist, jedem zur Verfügung steht, der nach ihr verlangt.

Simone Weil

Der Camino Francès
in Galicien

21.
August

Kopfhänger, geh mir weg! Wie kann den Weg
mir sagen zum Licht, wer frei zum Licht
nicht darf den Blick aufschlagen?
Friedrich Rückert

Fresko auf der Mauer der Kirche von Sarria.

22.
August

Lass die Welt ihren Gang tun, wenn er nicht aufgehalten werden kann, wir gehen den unsern.

Friedrich Hölderlin

Der Camino Francès
in Galicien

23. August

Ermuntere uns, wenn wir müde sind. Hilf uns auf, wenn wir fallen. Und sei am Ziel unseres Weges, Herr, wenn wir ankommen.

Hermann Multhaupt

24.
August

Man muss eben den ganzen Menschen der einen,
ureinzigen Sache widmen. Das ist der Weg,
wie etwas werden kann und wird.

Paula Modersohn-Becker

Der Camino Francès
in Galicien

25.
August

Schimpflich ist es, nicht zu gehen,
sondern sich treiben zu lassen und mitten im Wirbel
der Dinge verblüfft zu fragen:
Wie bin ich bloß hierher gekommen?

Lucius Annaeus Seneca

Pilgerstatue aus Bronze.

26. August

Viel Wandern macht bewandert.
Peter Sirius

Die Kathedrale von Santiago de Compostela.

27.
August

Von Zielchen zu Zielchen mit keuchender Brust.
Nur das hilft dem Menschen über seine
ungeheuerliche Situation hinweg.

Franz Werfel

Der Camino Francès
in Galicien

28.
August

Wer viel gereist ist, hat reiches Wissen,
und der Erfahrene redet verständig.
Sir 34,9

Jakobus der Ältere.

Der Camino Francès
in Galicien

29.
August

Neigung und Schicksal weisen den Weg,
den wir wählen sollen, aber wir müssen uns
immer mit guter Absicht bemühen.

Leo N. Tolstoi

Der Camino Francès
in Galicien

30. August

Ob du eilst oder langsam gehst,
der Weg vor dir bleibt derselbe.
Chinesisches Sprichwort

31.
August

Ohne Reisplan sich auf die Reise begeben, heißt erwarten, dass der Zufall uns an das Ziel führe, das wir selbst nicht kennen. Ohne Lebensplan leben, heißt vom Zufall erwarten, ob er uns so glücklich machen werde, wie wir es selbst nicht begreifen.

Heinrich von Kleist

Wege in Galicien

1. September

Wenn man den Weg verliert, lernt man ihn kennen
Sprichwort aus Afrika

2. September

Wer den Weg ans Meer nicht weiß,
gehe nur dem Flusse nach.
Deutsches Sprichwort

Cap Fisterra.

0,000 Km

Wege in Galicien

3. September

Der Mensch ist eine Wolke,
und deren Traum ist der Wind.
Luis Cernuda

4. September

Nicht über das Ziel geht man mit sich zu Rate,
sondern einzig über die Wege, die zum Ziele führen.
Thomas von Aquin

5. September

Wer nur einigermaßen zur Freiheit der Vernunft gekommen ist, kann sich auf Erden nichts anders fühlen denn als Wanderer – wenn auch nicht als Reisender nach einem letzten Ziele: Denn dieses gibt es nicht.

Friedrich Nietzsche

Jakobstatue in der Kirche Santiago de Fisterra.

6. September

Wer selbst seinen Weg weiß,
schließt sich keiner Karawane an.
Arabisches Sprichwort

7. September

Am Ziele deiner Wünsche wirst du jedenfalls
eines vermissen: dein Wandern zum Ziel.

Marie von Ebner-Eschenbach

8. September

Das menschliche Denken wird sinnlos,
wenn es kein bestimmtes Ziel hat.

Michel Eyquem de Montaigne

Oviedo, vorromanische Kirche San Miguel de Lillo.

9.
September

Der gerade Weg ist der beste.
Deutsches Sprichwort

CAMIN
DE
SANTIAG

10. September

Immer krieg ich Heimweh,
bevor ich irgendwohin reise.
Sylvia Plath

Brücke über den Río Aragon im Hecho-Tal.

11. September

Herr, begleite und beschütze den Pilger auf seinem Weg, gib ihm Kraft, wenn er schwach ist, verteidige ihn in Gefahr, spende Schatten an heißen Tagen, Licht in der Dunkelheit, Trost in Momenten der Verzweiflung und verleihe ihm Beständigkeit in seinem Vorhaben.

Anonymus

Das Dorf Berdun.

12.
September

Denn ein Gott hat jedem seine Bahn vorgezeichnet,
die der Glückliche rasch zum freudigen Ziele rennt.
Johann Wolfgang von Goethe

13. September

Du Gott der Anfänge, lass Dein Gesicht leuchten über uns, wenn wir in Vertrauen und Zuversicht einen neuen Schritt wagen auf dem Weg unseres Glaubens.

Aus Irland

Gemälde eines Jakobspilgers in der Abteikirche von Airvault (Deux-Sèvres).

14.
September

Sobald die Reise zu Gott beendet ist,
beginnt die unendliche Reise in Gott.
Annemarie Schimmel

Bretonisches Kruzifix.

15. September

Der Mensch ist der Bogen, der Gedanke –
der Pfeil und Rechtschaffenheit – das Ziel.
Chinesisches Sprichwort

De St Mathieu de Fine Terre
au
Cabo Finisterre
Km 0
Vers Compostelle
12/12/2001

16. September

Wenn der Geist zwischen vielen Dingen auf einmal zerstreut ist, ist er weniger wirksam. Denn wenn ein Mensch seine Beständigkeit verliert, die er in sich tragen sollte, dann verlockt ihn sein Gemüt zu vielerlei nutzlosen Beschäftigungen. Er ist dann wie ein Mensch auf einer Reise, der sich so mit den Dingen beschäftigte, dass er am Ende gar nicht mehr weiß, wohin er eigentlich gehen wollte.

König Alfreds Übersetzung von Papst Gregors Pastoralseelsorge

17. September

Gib den Winden ein frisch, ein fliegend Blatt,
es wird den Weg schon finden, den es zu fliegen hat.
Ferdinand Freiligrath

LEIZARATEKA
(St JEAN PIED DE PORT)
30/7/1989
SANTIAGO DE
COMPOSTELLA
21/8/1989
ULTREÏA

18.
September

Gott, lass mich eine offene Muschel werden:
für den Pilgerweg meines Lebens, für meine Mitmenschen
daheim, für ihre Zuneigung und Liebe,
für ihre Sorgen, Ängste und Nöte.
Peter Müller

19.
September

Nur eins rettet: Einen Schritt zu tun.
Antoine de Saint-Exupéry

Abteikirche von Relecq (Finistère).

20.
September

Bete nicht um leichtere Last,
sondern um einen stärkeren Rücken.
Teresa von Avila

21. September

Ein Reisender, der das Ziel seiner Reise und
den Weg zu seinem Ziele kennt, hat einen Reiseplan.
Was der Reiseplan dem Reisenden ist, ist der
Lebensplan dem Menschen.

Heinrich von Kleist

22. September

Vertrau auf Gott, er wird dir helfen, hoffe auf ihn,
er wird deine Wege ebnen.
Jesus Sirach

Notre-Dame de Crann, Spézet.

23.
September

Nimm mich an Deine Hand, führe,
begleite mich und gebe mir Halt.
Heinz Pangels

24.
September

Der starke Mann und der Wasserfall
graben sich ihren Weg selbst.
Samuel Smiles

25. September

Es gab kein Ziel. Er fand die Richtung.
Erich Kästner

Wege in der Bretagne

26. September

Öffne mir die Augen für das Wunderbare
an deiner Weisung.
Ps 119,18

27. September

Kräftige Naturen reden nicht von ihrem Organismus, sondern von ihren Zielen.

Gilbert Keith Chesterton

28. September

O jeder Regen und Tau, segnet den Herrn: Lobt und preist ihn über alles ewiglich. O Feuer und Hitze, segnet den Herrn: Lobt und preist ihn über alles ewiglich. O Frost und Schnee, segnet den Herrn: Lobt und preist ihn über alles ewiglich. O Blitze und Wolken, segnet den Herrn: Lobt und preist ihn über alles ewiglich. O lasst die Erde den Herrn segnen: Lobt und preist ihn über alles ewiglich.

Apokryphen

29.
September

Ein gerader Weg führt immer nur ans Ziel.

André Gide

30. September

Der Sinn des Reisens ist, an ein Ziel zu kommen, der Sinn des Wanderns, unterwegs zu sein.

Theodor Heuß

Die Via Turonensis
von Tours nach Ostabat

1. Oktober

Seht doch, wie gut und schön ist es, wenn Brüder
miteinander in Eintracht wohnen.
Wallfahrtslied, Ps 133,1

Cléry Saint-André (Loiret), Kopf von Jakobus dem Älteren.

Die Via Turonensis von Tours nach Ostabat

2. Oktober

Und wie steht's mit jedem der Sterne? Sind sie nicht verschieden, aber mitwirkend zum selben Ziel?

Marc Aurel

Poitiers, Notre-Dame-la-Grande.

Die Via Turonensis
von Tours nach Ostabat

3. Oktober

Wir suchen niemals die Dinge,
sondern das Suchen nach ihnen.
Blaise Pascal

Die Via Turonensis von Tours nach Ostabat

4. Oktober

Segne uns, Gott, und segne die Erde, die unsere Füße trägt. Und segne, Gott, den Weg, den wir gehen.

Deutscher Evangelischer Kirchentag 1999

5.
Oktober

Wer langsam und besonnen geht,
doch oft zuerst am Ziele steht.
Jüdische Spruchweisheit

Saint-Hilaire de Melle.

Die Via Turonensis von Tours nach Ostabat

6. Oktober

Die Sehnsucht nach dem Höchsten und Besten, der Anschluss an die Gesamtheit, das Hinaufdringen nach dem Menschlichen trotz der eigenen Endlichkeit, das ist Religion.

Abraham Geiger

Die Via Turonensis von Tours nach Ostabat

7. Oktober

Beim Beginne einer Unternehmung und unweit des Zieles ist die Gefahr des Misslingens am größten. Wenn Schiffe scheitern, so geschieht es nahe am Ufer.

Ludwig Börne

Die Kirche Saint-Pierre in Aulnay-de-Saintonge.

Die Via Turonensis
von Tours nach Ostabat

8.
Oktober

Die brüderliche Liebe untereinander sei herzlich.
Einer komme dem andern mit Ehrerbietung zuvor.
Röm 12,10

Detail eines Kapitells, Saint-Pierre in Aulnay-de-Saintonge.

Die Via Turonensis von Tours nach Ostabat

9. Oktober

›Kein Pfad mehr! Abgrund rings und Totenstille!‹
So wolltest du's! Vom Pfade wich dein Wille! Nun,
Wandrer, gilt's! Nun blicke kalt und klar!
Verloren bist du, glaubst – an Gefahr.
Friedrich Nietzsche

10. Oktober

Zu ein und demselben Ziel mehrere Wege zu kennen, ist nicht Wendigkeit des Geistes, sondern Mangel an Einsicht. Wir greifen auf, was immer uns einfällt, und können das Beste nicht gleich herausfinden.

François de La Rochefoucauld

Saintes, Bogen von Notre-Dame-la-Grande.

Die Via Turonensis
von Tours nach Ostabat

11.
Oktober

Wo ich gehe – du, wo ich stehe –
du, nur du, wieder du, immer du. Du, du, du.
Martin Buber

12.
Oktober

Hier zwischen den Schatten in einem einsamen Land
sind wir mit Fremden als eine Schar Pilger unterwegs;
durch Gefahren und voller Sorgen niedergedrückt,
werden wir noch dazu immer wieder ausgestoßen –
aber wir schauen nach einer Stadt,
die oben im Himmel gebaut ist.

W. Oliver Cooper

Saintes, Krypta des Heiligen Eutropius.

EVTROPI

Die Via Turonensis von Tours nach Ostabat

13. Oktober

Millionen Wege, Gott, gibt es zu Dir.
Keiner ist wie der andere. Auch mein Weg,
Gott, ist ganz allein für mich gemacht.
Bernhard Meuser

Die Via Turonensis von Tours nach Ostabat

14. Oktober

Vom Ziel weg führen tausend Wege,
zum Ziel hin nur einer.
Michel Eyquem de Montaigne

Pilger aus Bronze in Gradignan (Gironde).

Die Via Turonensis von Tours nach Ostabat

15. Oktober

Wir kamen am Gipfel des Berges Nebo an, wo jetzt eine kleine Kirche steht. In dieser Kirche sah ich einen Platz, der leicht erhaben war; so groß wie sonst ein Grab. Ich befragte die heiligen Männer darüber; und sie antworteten: Hier wurde Moses von den Engeln niedergelegt, wie geschrieben steht. Seine Grabstätte aber wurde uns von unseren Ahnen gezeigt, denen es wiederum ihre Ahnen gezeigt hatten, und so zeigen wir sie den Menschen heute.

Heilige Silvia von Aquitanien

Sainte-Radegonde (Gironde).

Die Via Turonensis von Tours nach Ostabat

16. Oktober

Gewöhnt euch an, früh aufzustehen.
Henry David Thoreau

Die Via Turonensis
von Tours nach Ostabat

17.
Oktober

Sei Licht meinem Fuße,
damit ich Schritt für Schritt den Weg erkenne.
Heinz Pangels

18.
Oktober

Gott sucht die Seele auf eine Weise auf,
die alle Zweifel verhindert, dass sie in Ihm wohnt
und Er in ihr.
Teresa von Avila

Datails der westlichen Fassade der Kirche in Surgères.

Die Via Turonensis
von Tours nach Ostabat

19.
Oktober

Der Mut stellt sich die Wege kürzer vor.

Johann Wolfgang von Goethe

Die Via Turonensis
von Tours nach Ostabat

20. Oktober

Sammle auf dem Weg zum fernen Ziel
die Hoffnung für dich, für alle Menschen, für die
Schöpfung. Und du wirst ankommen.

Paul Martin Clotz

Chemin de Saint Jacques de Compostelle
Voie du Puy en Velay

Die Via Turonensis
von Tours nach Ostabat

21.
Oktober

Verbringe die Nacht nicht in Angst, was der Morgen bringen möge. Wie sieht der Morgen nach dem Tagesanbruch denn aus?

Die Anweisungen des Amenem-Optet

Kirche und Friedhof in Vieux Richet (Landes).

22.
Oktober

Ein fröhliches Herz tut dem Leibe wohl;
aber ein betrübtes Gemüt lässt das Gebein verdorren.
Sprüche 17,22

23.
Oktober

Mein Weg ist verloren, mein Wandern
führt in die Irre. Ich kann nicht sicher weitergehen noch
hier bleiben. Wen sollte ich sehen als Dich,
meinen Pfad, meinen Weg?

Francis Quarles

Krypta der Kirche von Vieux-Lugo, in der Nähe von Belin-Béliet (Landes).

Die Via Turonensis
von Tours nach Ostabat

24.
Oktober

Mensch geht durchs Leben,
wie ein Reisender über die Meere fährt.
Chinesisches Sprichwort

Die Via Turonensis
von Tours nach Ostabat

25.
Oktober

Man kann auf dem rechten Weg irren
und auf dem falschen recht gehen.
Johann Wolfgang von Goethe

26.
Oktober

Wir sind immer in der Gegenwart von Mystik,
wenn sich ein Mensch mit dem Überirdischen und
Ewigen verbunden fühlt, während er sich äußerlich
noch im Irdischen und Zeitlichen befindet.

Albert Schweitzer

Die Via Turonensis von Tours nach Ostabat

27. Oktober

Es ist eine großartige Sache, vom Herzen her zu wissen, dass Gott in unserer Seele wohnt. Noch großartiger ist es zu wissen, dass unsere Seele in der Essenz Gottes wohnt, dass wir von ihm umhüllt sind – und er von uns.

Mutter Julian von Norwich

Statuen, Kathedrale von Dax.

Die Via Turonensis von Tours nach Ostabat

28. Oktober

Zeige mir, Herr, deinen Weg,
leite mich auf ebner Bahn …
Ps 27,11

Wegmarkierung in Retjons (Landes).

1000
KM

Die Via Turonensis
von Tours nach Ostabat

29.
Oktober

O suche, mein Herz, nach der Quelle des Lebens,
o heile den Schmerz meines irdischen Strebens …

Pilgerlied

Die mittelalterliche Festungsbrücke von Sauveterre-de-Béarn.

Die Via Turonensis von Tours nach Ostabat

30. Oktober

All mein Sehnen, Herr, liegt offen vor dir,
mein Seufzen ist dir nicht verborgen.
Ps 38,10

Die Via Turonensis
von Tours nach Ostabat

31.
Oktober

Gott, zeig uns den Weg, der hinführt zu Dir
und zugleich zu den Brüdern.
Josef Osterwalder

Die Stele von Gibraltar in Ostabat. Hier vereinigen sich die großen Jakobswege.

Die Via Tolosana
von Arles nach Puente-la-Reina

1. November

Nichts hindert die Seele so sehr, Gott zu erkennen, als Zeit und Raum! Zeit und Raum sind immer Stückwerk, Gott aber ist eins!

Meister Eckhart

Die Via Tolosana von Arles nach Puente-la-Reina

2. November

Je nach der Mühe ist der Lohn.
Talmud, Aboth V, 22

Arles, Kloster von Saint-Trophime.

Die Via Tolosana
von Arles nach Puente-la-Reina

3. November

Nur aufs Ziel zu sehen,
verdirbt die Lust am Reisen.
Friedrich Rückert

Die Via Tolosana von Arles nach Puente-la-Reina

4. November

Wohlbehagen ermattet den Geist.
Schwierigkeiten erziehen und kräftigen ihn.
Francesco Petrarca

5. November

All dein Leben muss immerdar in Sehnsucht stehen, so dass du fortschreiten willst in Vollkommenheit, und die Sehnsucht muss allerwegen gewandelt werden in Wollen durch die Kraft des allmächtigen Gottes und deine Zustimmung.

Anonymus

Die schwarze Sarah in der Krypta der Kirche Sainte-Marie-de-la-Mer.

6. November

Ein spiritueller Mensch staunt jeden Tag neu,
als wäre es der erste Lebenstag.

Pierre Stutz

Die Via Tolosana
von Arles nach Puente-la-Reina

7. November

Drei Dinge sind mir unbegreiflich, vier vermag ich nicht zu fassen: den Weg des Adlers am Himmel, den Weg der Schlange über den Felsen, den Weg des Schiffes auf hoher See, den Weg des Mannes bei der jungen Frau.

Spr 28,18f

Fußwaschung, Giebel der Abteikirche von Saint-Gilles-du-Gard.

Die Via Tolosana von Arles nach Puente-la-Reina

8. November

Der Herr zog vor ihnen her, bei Tag in einer Wolkensäule, um ihnen den Weg zu zeigen, bei Nacht in einer Feuersäule, um ihnen zu leuchten. So konnten sie Tag und Nacht unterwegs sein.

Ex 13,21f

Saint-Guilhem-le-Désert (Hérault). Die Brücke des Teufels.

9.
November

Das ist des Menschen Ruhm, zu wissen, dass unendlich sein Ziel ist, und doch nie still zu stehn im Lauf; zu wissen, dass eine Stelle kommt auf seinem Wege, die ihn verschlingt, und doch nicht zu verzögern den Schritt.

Friedrich Schleiermacher

Die Via Tolosana
von Arles nach Puente-la-Reina

10.
November

Ich bin der Weg und die Wahrheit und das Leben …
Joh 14,11

Das Dorf Saint-Guilhem-le-Désert und seine Abtei.

11.
November

Solange du die Dinge nicht suchst,
findest du sie nicht, solang du jenen Freund nicht findest,
suchst du ihn nicht.

Rumi

Die Via Tolosana von Arles nach Puente-la-Reina

12. November

Das Vertraute zeigt sich uns in wunderbarer Frische,
so wie wir unser Zuhause wieder mehr schätzen,
wenn wir von einer Reise zurückkehren.
Laurence Freeman

Gerberhäuser in Castres.

Die Via Tolosana
von Arles nach Puente-la-Reina

13.
November

Der einsame Christ im schweigenden Gebet …, in der Nacht der Sinne und des Geistes, wie die Mystiker sagen …, macht die Erfahrung Gottes und seiner befreienden Gnade …, selbst wenn er sie nicht noch einmal interpretieren und theologisch etikettieren könnte.

Karl Rahner

Die Kathedrale von Albi.

Die Via Tolosana
von Arles nach Puente-la-Reina

14.
November

Manche haben sich auch gewünscht, dass der kürzeste Weg zu ihres Vaters Haus hier wäre, damit sie nicht mehr von Hügeln oder Bergen auf ihrer Reise behindert würden: Aber der Weg ist der Weg, und es gibt ein Ende des Weges.

John Bunyan

Engelchen in der Kirche von Castres.

GLORIA IN
EXCELSIS
DEO

15. November

In der Einzigkeit meines Lebens zeigt sich
Unaussprechliches. Dies zeigt sich, es ist das Mystische.
Nicht wie die Welt ist, ist das Mystische,
sondern dass sie ist … Das Gefühl der Welt als
begrenzendes ganzes ist das Mystische.

Ludwig Wittgenstein

16. November

Wer staunt, bleibt offen. Und wer im Meditieren staunt, ist auf dem Weg ins Gebet … Beten ist ein einziges Staunen darüber, dass Gott so groß ist und in seiner Größe sich dem Menschen, sich mir zuneigt.

Josef Sudbrack

Die Stadtmauern der Altstadt von Carcassonne.

17. November

Nur durch die Fülle des gegenwärtigen Augenblicks
vermag die Seele wahrhaft genährt, gereinigt,
bereichert und geheiligt zu werden.
Jean-Pierre de Caussade

Die russische Kirche von Sylvanès (Aveyron).

Die Via Tolosana
von Arles nach Puente-la-Reina

18.
November

Je öfter du fragst, wie weit du zu gehen hast,
desto länger die Reise.
Sprichwort aus Australien

Messe in der Abtei von Sylvanès.

19. November

Dein sei die Kraft der Elemente, dein sei die Kraft
der Quellen, die Kraft der höchsten Liebe.

Keltische Weisheit

20. November

Wir selbst sind das unendlich Kleine und
das unendliche Große; und wir sind der Weg
zwischen beiden.
Khalil Gibran

Kirche von Saint-Gervais-sur-Mare (Hérault).

21. November

Muss man Flügel haben, um auf die Suche
nach sich selbst zu gehen? Man braucht sich nur
in die Einsamkeit zu begeben.

Teresa von Avila

22.
November

Wer sich sagt, dass er seine Ziele erreichen kann,
wird unweigerlich Erfolg haben.
Dalai Lama

Toulouse, Basilika Saint-Sernin.

Die Via Tolosana von Arles nach Puente-la-Reina

23. November

Großer Jakobus, wohltätiger Jakobus,
kommst von weither und bist hier bei uns.
Gott steh uns bei, Erster der Apostel.
Altes Pilgerlied

Die Via Tolosana
von Arles nach Puente-la-Reina

24. November

Du hast in dir den Himmel und die Erde.
Hildegard von Bingen

In der Basilika Saint-Sernin, Toulouse.

25. November

Die Hochzeit der Seele mit der Natur macht
den Verstand fruchtbar und erzeugt die Fantasie.
Henry David Thoreau

Die Via Tolosana
von Arles nach Puente-la-Reina

26.
November

Wer zu einem Ziel gelangen will, verfolge
einen einzigen Weg, nicht schweife er über viele:
Nicht gehen ist das, sondern irren.

Lucius Annaeus Seneca

Salomon und die Königin Saba, Kapitell der Kirche Sainte-Engrâce.

Die Via Tolosana
von Arles nach Puente-la-Reina

27.
November

Suche nie, etwas rasch zu erreichen. Schau nicht auf kleine Vorteile. Wer rasch zu erreichen sucht, erreicht nichts, wer auf kleine Vorteile schaut, vollbringt keine großen Taten.

Konfuzius

Die Via Tolosana
von Arles nach Puente-la-Reina

28.
November

Setz leicht den Fuß, begehre kein Verweilen,
am Rand der Straße schneide dir den Stab; bleib,
der du bist, und durch bestaubte Meilen getröste
dich der Pilgerschaft ans Grab.
Rudolf Alexander Schröder

Jakobus der Ältere, Kirchenfenster der Kathedrale von Auch.

Die Via Tolosana von Arles nach Puente-la-Reina

29. November

Der Weg ist immer mehr als das Ziel.

Heimito von Doderer

Die Via Tolosana
von Arles nach Puente-la-Reina

30. November

Berechne nicht die Zukunft,
sondern nütze den Tag.
Koh 11,1

Kathedrale von Auch, Grablegung.

Wege der Erinnerung

1. Dezember

Der Heilige, der von nichts erlöst, hat keine Pilger.

Sprichwort aus Frankreich

Wege der Erinnerung

2.
Dezember

Suchet den Herrn, solange er zu finden ist;
rufet ihn an, solange er nahe ist.
Jes 55,6

Die romanische Kirche von Saint-Just-de-Valcabrère
und die Kathedrale von Saint-Bertrand-de-Comminges.

Wege der Erinnerung

3. Dezember

Aber der Gerechte wird seinen Weg behalten;
und wer reine Hände hat, wird an Stärke zunehmen.
Hiob 17,9

4. Dezember

Wenn man einen hohen Berg bestiegen hat, stellt man fest, dass es noch viele andere Berge zu besteigen gibt.

Nelson Mandela

5. Dezember

Der Mensch bedarf des Menschen sehr,
zu seinem großen Ziele.
Friedrich Schiller

6. Dezember

Du reisest, vielerlei zu sehen und auszuspähen,
hast du nicht Gott erblickt, so hast du nichts gesehen.
Angelus Silesius

7.
Dezember

Verbesserungen führen zu geraden Straßen;
aber die krummen Wege ohne Straßenbelag
sind die Wege des Genius.

William Blake

8. Dezember

Die Reise der Liebe begann ich allein, von Glauben und Eifer erfüllt; aber bei jedem Schritt kamen Reisende hinzu, und bald waren wir eine Karawane.

Sant Darshan Singh

Taufstein der Kirche Saint-Blaise, Lacommande (Baskenland).

9. Dezember

Lebt einfach, damit andere
einfach nur leben können.
Mahatma Gandhi

Saint-Blaise, Lacommande.

10.
Dezember

Man geht nie weiter, als wenn man nicht mehr weiß,
wohin man geht.
Johann Wolfgang von Goethe

11.
Dezember

Wenn's einst dunkelt auf den Gipfeln und der kühle Abend sacht niederrauschet in den Wipfeln: O Maria, heil'ge Nacht! Lass mich nimmer wie die andern, decke zu der letzten Ruh mütterlich den müden Wandrer mit dem Sternenmantel zu.

Marienlied

Wege der Erinnerung

12. Dezember

Auf einem weiten Weg gibt
es keine leichten Lasten.
Chinesisches Sprichwort

G.R.
65.3
Santiago
G.R.
65.3
Canfranc
Jaca

13. Dezember

Der edle Mensch sucht Höheres zu erreichen,
der niedrig Gesinnte sucht sein Ziel in niedrigen Dingen.
Konfuzius

14. Dezember

Wenn ein Mensch sich von zu Hause auf eine Reise begibt und immer weiter geht, kommt er eines Tages an seine eigene Tür zurück.

Sir John Mandeville

Tympanus der Basilika Sainte-Foy, Conques.

TAS
VMILITAS

15. Dezember

Was dem einen widerfährt, widerfährt dem andern;
niemand wäre so gelehrt, der nicht sollte wandern.
Johann Wolfgang von Goethe

16. Dezember

Liebe besteht nicht darin, sich gegenseitig anzuschauen,
sondern darin, in dieselbe Richtung zu blicken.
Antoine de St. Exupéry

17. Dezember

Geh mit dem Schweigsamen, du findest das Leben,
und du gedeihst auf Erden.
Die Weisungen des Amenophis

18.
Dezember

Iss kein Brot, wenn ein anderer neben dir steht,
ohne ihm die Hand auszustrecken. Nahrung ist immer da,
aber der Mensch ist nicht immer da.

Aus den Weisungen des Ani

Engel am Portalvorbau der Kathedrale von Santiago de Compostela.

19. Dezember

Zeige als Stern mir den Weg, erhelle die See
und die Klippen, führe mein Schiff übers Wasser
bis zum sicheren Hafen.
Keltische Anrufung des Schutzengels

20. Dezember

Wer zielstrebig ist, kann alles erreichen.
Chu-Hsi

21. Dezember

Nichts kann unseren Blick so sehr auf Gott ausrichten
wie die Freundschaft mit den Freunden Gottes.
Simone Weil

San Benito Glorioso te Pedimos
Padre Nuestro

22. Dezember

Der Weg nach innen (in die Seelenburg) ist nicht das gesprochene Gebet, sondern das geistige Gebet mit Aufmerksamkeit.

Teresa von Avila

Kathedrale von Santiago de Compostela.

23. Dezember

Das Ziel muss man früher kennen als die Bahn.
Jean Paul

24. Dezember

Ein Mensch sieht, was vor Augen ist,
der Herr aber sieht das Herz an.
1 Sam 16,7

25. Dezember

Keiner, der mit äußerster Geschwindigkeit läuft,
hat Kopf oder Herz.

William Butler Yeats

26. Dezember

Kurzum, der Lauf der Dinge mag so veränderlich sein wie eine dahineilende Wolke, aber die Richtung muss so starr sein wie eine Landstraße in Frankreich.

Gilbert Keith Chesterton

Das Cruz de Ferro.

27. Dezember

Wer recht in Freuden wandern will,
der geh der Sonn' entgegen.
Emanuel Geibel

Jakobus der Ältere, an der Kirche Santiago el Mayor de Sangüesa,
an der Grenze zwischen Navarra und Aragon.

28. Dezember

Nur die Ruhe ist die Quelle jeder großen Kraft.
Fjodor M. Dostojewski

29. Dezember

Herr, zeige uns die Richtung. Weise uns den Weg, den wir gehen müssen. Bewahre uns vor Umwegen. Verschone uns vor Irrwegen.

Hermann Multhaupt

Die barocke Fassade der Kathedrale von Santiago de Compostela.

30. Dezember

An die Heiligen zu denken heißt gewissermaßen,
sie zu schauen.
Bernhard von Clairvaux

Friedhof in der Nähe von Oviedo.

31. Dezember

Wohin denn gehen wir – immer nach Hause.
Novalis

Die Kathedrale von Santiago de Compostela am Jakobstag.

APOSTOLO 1999